Cristina Plaza Lara

Integración de la competencia instrumental-profesional en el aula de traducción

Klaus-Dieter Baumann/Susanne Hagemann/
Hartwig Kalverkämper/Klaus Schubert (Hg.)
TRANSÜD.
Arbeiten zur Theorie und Praxis des Übersetzens und Dolmetschens
Band 84

Cristina Plaza Lara

Integración de la competencia instrumental-profesional en el aula de traducción

Frank & Timme
Verlag für wissenschaftliche Literatur

Umschlagabbildung: Gorge of the Gaitanes and „El Caminito del Rey“ path, Malaga (Spain) © NoraDoa – Fotolia.com

ISBN 978-3-7329-0309-2
ISSN 1438-2636

Herstellung durch Frank & Timme GmbH,
Wittelsbacherstraße 27a, 10707 Berlin.
Printed in Germany.
Gedruckt auf säurefreiem, alterungsbeständigem Papier.

www.frank-timme.de

Índice

Índice de siglas y acrónimos

ANECA	Agencia Nacional de Evaluación de la Calidad y Acreditación
CERN	Organización Europea para la Investigación Nuclear
CT	Competencia traductora
DGT	Dirección General de Traducción
DTM	Documentación técnica multilingüe
DTP	*Desktop publishing*
ECTS	Sistema europeo de transferencia y acumulación de créditos
EEES	Espacio Europeo de Educación Superior
EMT	*European Master's in Translation*
ESIT	*École Supérieure d'Interprètes et de Traducteurs*
GILT	Globalización, internacionalización, localización y traducción
LISA	*Localization Industry Standards Association*
LSO	*Linguistic sign-off*
MLV	*Multiple language vendors*
OPTIMALE	*Optimising Professional Translator Training in a Multilingual Europe*
PACTE	Proceso de Adquisición de la Competencia Traductora y Evaluación (grupo de investigación)
SLV	*Single language vendors*
TAO	Traducción asistida por ordenador
TAP	*Think-aloud protocol*
TIC	Tecnologías de la información y la comunicación
TMX	*Translation memory exchange*
TSP	*Translation service provider*
ZDP	Zonas de desarrollo próximo

Índice de figuras

Índice de tablas

Fundamentos de la propuesta didáctica

1. Introducción

La revolución tecnológica que ha experimentado la sociedad actual ha supuesto un enorme cambio en la forma de vida de millones de personas que tienen acceso a ordenadores personales e internet. El vertiginoso aumento de la información y la velocidad trepidante a la que esta circula por la red han culminado en un nuevo modelo de interdependencia global a todos los niveles: político, económico, social, cultural, tecnológico e ideológico. Este fenómeno ha recibido el nombre de globalización y su fuerza se intensificó a partir del primer tercio y la segunda mitad del siglo XX con la constitución de importantes organizaciones internacionales y, especialmente, con el fin de la Guerra Fría.

La traducción y la interpretación, dada su subordinación a las lenguas y su función de mediación cultural, han visto crecer y evolucionar su mercado, limitado hasta hace no mucho al ámbito local o regional. El escenario global en el que nos movemos actualmente, las nuevas modalidades de traducción y tipos textuales y los avances tecnológicos que han transformado la forma de trabajo de miles de profesionales han supuesto la aparición de nuevos paradigmas en el campo de la traducción y la interpretación. Un claro ejemplo de estos paradigmas lo constituye la localización, que en el mercado actual ha extendido sus límites a casi todo tipo de documentación especializada multilingüe. Además, la incursión de las nuevas tecnologías ha modificado el proceso y el producto de la traducción, entendido este último como el texto resultante (véase, por ejemplo, la tesis de Martín Mor, 2011) y como los tipos de texto que se traducen.

Por otro lado, la universidad europea del siglo XXI ha experimentado un proceso de convergencia sin precedentes, el Espacio Europeo de Educación Superior (EEES). Las nociones de competencia y empleabilidad han constituido pilares fundamentales de la reforma universitaria en Europa. Desde las nuevas políticas educativas se fomentan estos dos conceptos entendidos de un modo práctico, de adaptabilidad y aplicabilidad al contexto. Se ha producido una redefinición de los objetivos de las universidades y se pretende dejar atrás los enfoques académicos que partían de perspectivas puramente traductológicas para la definición de los perfiles profesionales.

Este contexto debe tener su reflejo en la formación de traductores y ello es lo que pretendemos conseguir con el presente libro. El carácter interdisciplinar de la traducción es un hecho que se manifiesta en la mayor parte de los estudios existentes al respecto. Siguiendo esta línea, este trabajo se articulará en torno a tres ejes: la traducción, las ciencias de la educación y las nuevas tecnologías. Nuestro fin principal es la concepción y diseño de una propuesta didáctica para la enseñanza de la traducción especializada característica de los nuevos modelos surgidos en el sector de los *translation service providers* (TSP), entendidos estos tal y como se definían en la norma europea EN 15038 *Servicios de traducción. Requisitos para la presentación del servicio.* Nuestro objetivo es integrar las competencias lingüístico-culturales con las instrumentales y profesionales tan específicas de este sector. Pretendemos contribuir a las investigaciones en didáctica de la traducción a través de la profundización en unos conocimientos que clásicamente no han recibido tanta atención como los lingüísticos y aportar así una perspectiva novedosa que parte de principios pedagógicos.

1.1. Definición del marco traductológico y pedagógico de la propuesta didáctica

En 1972 Holmes ya anticipaba con su distinción entre rama pura y aplicada la importancia de la relación existente entre los pilares básicos de este trabajo. Dentro de la rama aplicada, junto con la crítica de traducciones, incluía la didáctica de la traducción y las herramientas del traductor. Tomamos esta distinción como punto de partida para ubicar nuestro estudio.

Hurtado Albir señalaba que en didáctica de la traducción cualquier enfoque metodológico debe proporcionar un marco traductológico y otro pedagógico:

> En cuanto al marco traductológico, se trata de considerar: 1) la concepción de la traducción de que se parte; 2) la concepción que se maneja de la competencia necesaria del individuo para ejercerla (la competencia traductora) y del proceso para adquirirla (el proceso de adquisición de la competencia traductora). El marco pedagógico se refiere a los principios educativos que se tienen en cuenta para diseñar los objetivos y las pautas metodológicas. (1999: 29)

Esta cita es la que marca la definición de nuestra propuesta didáctica. Tanto la concepción de la traducción como la competencia traductora son dos conceptos complejos y caleidoscópicos, por lo que creemos imprescindible partir de una delimitación precisa antes de presentar una propuesta. En lo que respecta a los principios educativos que conforman el marco pedagógico, en muchas de las publicaciones sobre didáctica de la traducción se ha prestado mayor atención a dichos principios desde la perspectiva de nuestra propia disciplina, de modo que se parte de una visión sesgada que no tiene en cuenta las aportaciones de las ciencias de la educación (*cfr.* Plaza Lara, 2014: 232).

1.1.1. Concepción de traducción

En el siglo XX, las nuevas tecnologías han desempeñado un papel crucial en lo que actualmente se conoce como era de la información o era digital. Son varios los hitos que han marcado esta nueva época y que han influido directamente en las concepciones de traducción más tradicionales:

1. Nacimiento de internet: Entre los años 1989 y 1990, dos investigadores de la Organización Europea para la Investigación Nuclear (CERN), Tim Berners-Lee y Robert Cailliau, plantaron la semilla de lo que unos años más tarde sería internet, sin ser muy conscientes de que la *World Wide Web* se convertiría en una década en el principal medio de información y comunicación.
2. Desarrollo de la informática: En los últimos años los equipos informáticos han visto multiplicada su capacidad de almacenamiento y procesamiento y los diversos avances tecnológicos han convertido a las denominadas TIC en elementos indispensables en nuestra vida cotidiana.

En el campo de la traducción, la transformación del mercado debido a la eclosión de las nuevas tecnologías ya venía dando sus primeros pasos en los años sesenta y setenta con el concepto de *translator's workstation*. Aunque hasta ese momento las investigaciones se habían centrado en la traducción automática, los continuos desencantos a los que se vieron abocados muchos de los trabajos hicieron que los investigadores prestaran mayor atención al desarrollo de recursos que facilitaran el trabajo del traductor. Así pasamos de los tradicionales glosarios y bases de datos terminológicas a la creación de archivos de consulta constituidos por traducciones previas. Esta sería la idea embrionaria de las actuales memorias de traducción.

Asimismo, el crecimiento de internet, el acceso generalizado a los ordenadores y la abolición de las fronteras comerciales han traído consigo el surgimiento de lo que algunos consideran una nueva modalidad de traducción, la localización (*cfr.* Hurtado Albir, 2008: 87). Ha sido tal su desarrollo que algunos investigadores se plantean si la localización es una modalidad de traducción más o, sin embargo, debe considerarse una disciplina independiente.

Los inicios de la localización se remontan a los años ochenta, época en la que los fabricantes de *software* y *hardware* se empiezan a preocupar por la ampliación de su mercado a países de habla no inglesa. En un principio, importantes empresas como, por ejemplo, Microsoft, optaron por la creación de departamentos internos (*in-house* o *in-company*), que en ocasiones recurrían a los servicios de traductores autónomos para satisfacer las excesivas cargas de trabajo que suponía no solo traducir un programa, sino también realizar los trabajos de ingeniería informática derivados de dicha tarea. Por lo tanto, la aparición de toda una serie de problemas técnicos, surgidos de la complejidad de estos proyectos, y la falta de recursos y tiempo obligaron a externalizar dicho trabajo a empresas que no estaban únicamente especializadas en servicios lingüísticos, sino que eran capaces de ofrecer soluciones a los desafíos técnicos y a aquellos impuestos por el proceso de globalización. Surgieron los conocidos como MLV, *multiple language vendors,* y SLV, *single language vendors.* Mientras que los segundos son empresas más pequeñas que ofrecen sus servicios comúnmente hacia una única lengua, entre los MLV se encuentran principalmente las grandes multinacionales que en cierto modo han «monopolizado» el mercado de la localización, la mayoría con la compra de empresas competidoras de menor tamaño. No obstante, cada vez más pequeñas y medianas empresas empiezan a hacerse hueco en el sector de la localización. Estas empresas cuentan con unas infraestructuras técnicas y humanas capaces de abarcar multitud de proyectos de traducción/localización a diferentes idiomas, a lo que hay que añadir su presencia en mercados estratégicos.

A principios de la década de los noventa, dado el auge que había experimentado la localización en el sector de la traducción, se fundó la conocida *Lo-*

calisation Industry Standards Association (LISA), una asociación cuyo fin principal era llevar a cabo tareas de unificación y normalización del sector y promover el crecimiento de las empresas de la industria (*cfr.* Fernández Costales, 2010: 34). Esta organización después de 21 años se vio obligada a cerrar sus puertas en 2011 por problemas de insolvencia. Sin embargo, su contribución a nuestro campo es más que destacable y una de estas aportaciones es el denominado modelo GILT, siglas para globalización, internacionalización, localización y traducción, que según Martínez Robledo se puede resumir de la siguiente manera:

> [...] tendencia hacia un único mercado mundial, productos descontextualizados, estandarizados y de lenguaje controlado (que favorece la Traducción Automática) para su generalización, localización de un *software* a distintos idiomas para su implantación masiva, y traducción adaptada al mercado nacional del usuario destino. (2005: 287)

Como se deduce de esta cita, la incursión de las nuevas tecnologías en el campo de la traducción ha dado lugar a un proceso mucho más complejo que ha pasado de la simple traducción de un documento (ya sea escrito, gráfico o sonoro) a la adaptación técnica, lingüística y cultural de dicho documento, en primer lugar, a un mercado internacional (globalización e internacionalización) y, posteriormente, a un mercado local (localización y traducción). Todo ello es consecuencia del proceso de globalización actual, que desde hace unos años exige en el ámbito concreto de la traducción la creación de productos que se puedan traducir al mayor número de idiomas, en el menor tiempo posible y de manera simultánea al desarrollo del producto original. Se pretende conseguir el *simultaneous shipment* o *simship,* que no es otra cosa que el lanzamiento simultáneo de varias versiones de un mismo producto a diferentes mercados (Esselink, 2000: 111), muy común en la localización de productos de *software* y videojuegos.

En el actual contexto de proliferación tecnológica, de desarrollo de conocimientos y de fabricación de nuevos productos, el mercado de la localización ha crecido exponencialmente y las nuevas necesidades han obligado a implantar todos estos cambios en el proceso de traducción con el fin de ahorrar en tiempo y costes y ofrecer mayor competitividad. El modelo GILT se convierte, por tanto, en un conjunto de procesos interdependientes e indispensables para el lanzamiento de un producto a escala global:

> No obstante, un análisis cuidadoso no asegurará el éxito si la localización se interpreta como un proceso aislado. Más bien, precisa formar parte integral de toda la cadena de diseño, desarrollo y distribución de productos. En particular, los productos deben internacionalizarse antes de que pasen a la fase de localización. Si la globalización puede definirse como la toma de todas las decisiones técnicas, financieras, administrativas, mercadotécnicas, de personal y de otra índole que sean necesarias para facilitar la localización, la internacionalización permite específicamente que un producto pueda someterse a su localización en sus aspectos técnicos. En otras palabras, un producto internacionalizado no requiere ingeniería ni rediseño traumáticos, en oposición a la adaptación a un idioma o plataforma locales. (LISA, 2003: 15)

La siguiente figura de Jiménez Crespo recoge, en nuestra opinión, la esencia del modelo aquí descrito, aunque para análisis en profundidad de cada concepto, remitimos a obras como la de Esselink (2000), Martínez Robledo (2005), Jiménez Crespo (2008) y Fernández Costales (2010).

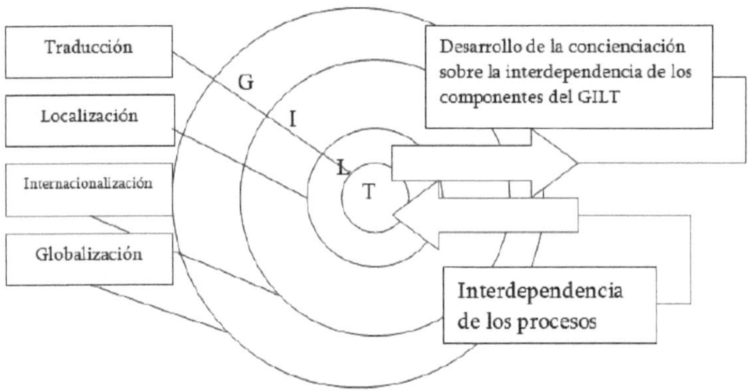

Figura 1. Interdependencia de los procesos GILT (Jiménez Crespo, 2008: 31)

Ahora bien, ¿deberíamos seguir restringiendo la definición de localización a la adaptación lingüística y cultural exclusivamente de *software*, videojuegos y páginas web? Como venimos adelantando, la incursión de las nuevas tecnologías en el proceso de trabajo y el contexto internacional en el que nos movemos actualmente (donde prima el desarrollo científico y técnico dentro de un modelo de interdependencia global) obligan a extrapolar muchas de las tareas que inicialmente se realizaban solo en el proceso de localización de programas informáticos a la traducción de muchos tipos de textos.

> Things have indeed changed. For centuries, the translation universe was stable both in terms of process (either free or faithful) and in terms of product (paper to paper via paper resources, such as a dictionary). Now the translation universe has grown to offer ever increasing process options as it becomes increasingly transdisciplinary and now takes advantage of (or is subservient to) the digital age (c. f. Boulanger 2005; Tymoczko 2005). (Katan, 2008: 7)

Internet y los avanzados programas informáticos actuales han supuesto una disminución del material impreso y el consiguiente aumento de la digitalización de contenidos. En el escenario actual de intercambio de información a escala global, el incremento de la documentación multilingüe, debido a la propagación de páginas web en varias lenguas y a las exigencias políticas, económicas y legislativas[1] de las comunidades internacionales, entre los factores más importantes, ha multiplicado las necesidades del mercado de la traducción especializada. A este respecto, Cámara de la Fuente en su tesis doctoral centrada en la gestión de la documentación técnica multilingüe (DTM) presenta las siguientes características de este tipo de documentación:

- describen ingenios, esto es, artefactos, programas informáticos y ocio electrónico,
- representan conocimiento técnico,
- utilizan recursos de representación específicos,
- tienden a utilizar técnicas específicas de desarrollo de contenidos,
- tienden a utilizar tipos textuales concretos,
- cumplen la función de transferir conocimiento. (2005: 37)

Según esta autora, en esta categoría se incluirían los artefactos, los programas informáticos, los programas de ocio y entretenimiento y las pasarelas de información en línea e interfaces (Cámara de la Fuente, 2005: 40). En el presente trabajo consideramos que esta definición puede extrapolarse a textos de naturaleza similar y que no solo se limitan al ámbito técnico: contenidos de páginas web en formatos muy diversos, legislaciones internacionales, investi-

---

1 Véanse, por ejemplo, los requerimientos de la Unión Europea con respecto a la etiqueta CE.

gaciones médicas, información del mercado financiero, revistas especializadas en diversos campos, sistemas informáticos y videojuegos o telefonía móvil, entre otros muchos ejemplos. Todo ello se podría encuadrar bajo la denominación de *documentación especializada multilingüe*. Una de las principales características de este tipo de documentación suele ser, por un lado, su carácter repetitivo y de actualización constante y, por otro, la especialización del contenido que exige una gran precisión y coherencia lingüística. Igualmente suelen constituir grandes volúmenes de trabajo, por lo que se requieren estrategias de gestión y equipos más complejos.

Al igual que ocurría con la localización inicialmente, para la documentación especializada multilingüe ya no solo se requieren servicios de traducción. La simple traducción de un manual de usuario puede conllevar fases de internacionalización, preparación de archivos, DTP (*desktop publishing*), creación de material de referencia, como memorias de traducción y bases de datos terminológicas, entre otras muchas tareas. Esto ha dado lugar a un modelo de *outsourcing*, según el cual se externaliza el proceso de traducción y el resto de tareas que inicialmente se realizaban internamente. De esta forma, se han consolidado en el mercado los denominados *translation service providers* que, además de las propias tareas de traducción, ofrecen otras afines recogidas bajo la denominación de *added value services*[2].

En conclusión, todos estos cambios han supuesto la inclusión definitiva de las nuevas tecnologías en el flujo de trabajo de los traductores y estas se han convertido en elementos indispensables de su estación de trabajo. Así pues, los proyectos a gran escala que requieren la coordinación de equipos de traductores e ingenieros informáticos han ampliado el antiguo mercado regional o nacional a uno global en el que se ha precisado de un enfoque más sistemático y orientado a la empresa (O'Hagan y Ashworth, 2002: 18), se ha incrementado la presión de los plazos y se ha reducido en costes gracias a las

2 Según la norma europea EN 15038, dentro de *added value services* se pueden incluir la legalización de documentos, la adaptación, la reescritura, la actualización, la localización, la internacionalización, la globalización, la creación y gestión de bases de datos terminológicas, la transcripción, la transliteración, el diseño gráfico y web, la redacción técnica, la asesoría lingüística y cultural, la alineación, la pre y posedición, el subtitulado, el *voice-over*, la revisión de terceros, entre otros muchos servicios.

nuevas funciones que ofrecen las herramientas de traducción asistida, como por ejemplo, los análisis por tramos de las memorias de traducción.

¿Podemos extrapolar, por tanto, el concepto de localización, limitado inicialmente a *software,* videojuegos o sitios web, a la traducción de la anteriormente denominada documentación especializada multilingüe? Algunos autores como Gouadec (2003), Quirion (2003), Folaron (2006) y Jiménez Crespo (2008) son de esta opinión:

> El análisis de nuestro corpus textual demuestra que la localización en general incorpora la traducción de manuales, folletos, anuncios, cartas comerciales, software, sitios web, procesos internos, atención al cliente, términos y condiciones de los contratos de productos, publicidad, etc., un campo de traducción mucho más amplio de lo que se podría pensar en principio. En definitiva, la localización es una especialización de la traducción en la que se engloba prácticamente cualquier tipo de traducción, aunque requiere unas competencias técnicas específicas. (2008: 327)

Compartimos el punto de vista de estos autores, ya que la traducción de textos especializados de diversa naturaleza requiere de tareas técnicas similares a las del proceso de localización *sensu stricto.* No obstante, y puesto que la tipología de documentos es muy amplia y no todos los textos cumplen las características del *software,* videojuegos o páginas web, preferimos hablar de documentación especializada multilingüe para hacer referencia a los tipos textuales que han instaurado nuevas formas de trabajo y modelos empresariales, los TSP. Estos dos conceptos serán los que marquen nuestra concepción de traducción en este trabajo.

¿Qué repercusión tiene todo esto en la teoría de la traducción? La traductología, aunque joven, se caracteriza por incluir distintos enfoques teóricos que han provocado una atomización de los paradigmas existentes en nuestra disciplina. Hurtado Albir (2008: 130-131) clasifica las diversas teorías en los siguientes enfoques: lingüísticos, textuales, cognitivos, comunicativos y socioculturales, así como filosóficos y hermenéuticos. Una de las principales críticas que han recibido estas teorías desde el sector de la localización ha sido la imposibilidad de aplicar los conceptos presentados en ellas a los nuevos modelos profesionalizantes surgidos en las últimas décadas. Apenas los fundamentos de la teoría funcionalista se podrían ajustar a estas nuevas corrientes. Se deduce, por tanto, que estas teorías se limitan más bien a concepciones clásicas de la traducción.

No obstante, este escenario ha empezado a cambiar. La tecnología y sus repercusiones en la profesión se han convertido en objeto de estudio y algunas investigaciones ya hablan de verdaderas corrientes disciplinares dentro de la traductología. Por ejemplo, Morón Martín (2009: 124), basada en Kearns (2005: 28), señala como principales referentes en la evolución de la formación de traductores e intérpretes los siguientes enfoques:

- Enfoques gramaticales, basados en la lingüística contrastiva (Vinay y Darbelnet, 1958).
- Enfoques de la lingüística textual (Hatim y Mason, 1997).
- Enfoques de la lingüística de corpus (Zanettin, Bernardini y Stewart, 2003).
- Enfoque profesional (Schopp, 2006).
- Traducción como acción social (Robinson, 2003).
- Estudios descriptivos (Holmes, 1972; Toury, 1995).

Esta clasificación está estrechamente ligada a las diversas teorías modernas de la traducción, aunque con ciertas matizaciones como, por ejemplo, la diferenciación de la lingüística de corpus de los modelos textuales y la denominación de enfoque profesional, que tradicionalmente se ha asociado ligeramente a las ideas que defendían las teorías funcionalistas.

Por su parte, Calvo Encinas (2010: 48 ss.) va más allá y, además de recoger estos enfoques didáctico-traductológicos, apunta la influencia que cada uno de ellos ejerce sobre el currículum. Estas son las corrientes disciplinares que señala:

- Corriente disciplinar microtextual y/o comparativista.
- Corriente disciplinar extratextual I: cultural.
- Corriente disciplinar macrotextual.
- Corriente disciplinar extratextual II: funcional.
- Corriente disciplinar cognitiva.
- Corriente disciplinar extratextual III: crítica.
- Corriente disciplinar tecnológica.

Estas corrientes coinciden plenamente con las teorías traductológicas modernas que Hurtado Albir cita en su manual *Traducción y traductología* (2008: 130-131) y engloban cada uno de los enfoques de Kearns (2006a). La postura de esta autora se encuentra recientemente respaldada por diversos autores, entre ellos

Pym (2012: 145 ss.), quien incluye las teorías de la localización en su manual de teorías contemporáneas de la traducción.

Los nuevos enfoques tecnológicos han recibido críticas desde los sectores más conservadores de la traductología por su carácter operativo y efímero que, en opinión de muchos, responde únicamente a modelos empresariales surgidos recientemente. Desde su punto de vista se pretende responder única y exclusivamente a necesidades concretas de la industria actual. Obviamente tampoco estamos de acuerdo con restringir el alcance de una disciplina a factores puramente empresariales, ya que dichos modelos se pueden ver sustituidos en un futuro y, por tanto, dejarían de tener validez.

Sin dejar de lado estas críticas, el enfoque adoptado en este trabajo pretende partir de una concepción contextualizada de la traducción y no entendida exclusivamente desde las teorías traductológicas que han proliferado en los últimos 50 años. Esto no significa que en el currículum académico no se deban dar a conocer cada una de estas corrientes desde una perspectiva integradora; la formación en traductología y en localización no son incompatibles, y hacemos nuestra la afirmación de La Rocca:

> Como Mary Snell-Hornby (1991), estoy convencida de que un terreno en el que esta integración es posible, es el de la didáctica, en el que cada teoría puede encontrar su ubicación más adecuada, según las diferentes necesidades que derivan de los usos y finalidades que se intenta satisfacer con la traducción. (2007: 7)

Si hay algo incuestionable en todo este debate es el surgimiento de nuevos tipos[3] y modalidades[4] de traducción que obedecen a los imperativos de un mundo globalizado que se mueve más rápido que nunca. Aunque el sector de la traducción, como cualquier otro, está sujeto a los nuevos avances y revoluciones o cambios que se puedan producir en años venideros, la modificación del proceso traductor y del producto debido a la incursión de las nuevas tec-

---

3 Los tipos de traducción hacen referencia a la traducción de textos de determinados ámbitos socioprofesionales (técnico, jurídico, económico, administrativo, etc.); cada tipo de traducción se efectúa con géneros textuales característicos (Hurtado Albir, 2008: 58).

4 La modalidad de traducción se basa en el modo traductor. Hace referencia a la variación que se produce en la traducción según las características del *modo* del texto origen y la traducción: traducción escrita, a la vista, doblaje, subtitulación, traducción de programas informáticos, etc. (Hurtado Albir, 2008: 69).

nologías es un hecho irrebatible, al igual que ocurrió, por ejemplo, con la profesión del copista o del escriba con la invención de la imprenta. Por tanto, al margen de que se consideren o no nuevas corrientes disciplinares dentro de la traductología, uno de los ámbitos donde mayor repercusión deben tener los nuevos enfoques tecnológicos y profesionales es en la enseñanza. El paso del paradigma lingüístico al tecnológico en traducción ha supuesto un cambio también en los fundamentos didácticos.

Como indica Calvo Encinas (2010: 39-40) en su tesis doctoral, en toda propuesta metodológica la concepción de la traducción no debe partir de una perspectiva lineal *Traducción>Currículum*, en la que se busque la forma de planificar el contenido en determinadas materias según una concepción teórica de la traducción. Desde nuestra propuesta, tal y como afirmaba Calvo Encinas, se defiende un enfoque *Currículum>Traducción*, en el que el objeto de estudio inicial sea el contexto donde va a tener lugar la formación. Se promueve, por tanto, una concepción de traducción mucho más práctica y adaptable a las continuas modificaciones sociales y laborales.

1.1.2. CONCEPCIÓN DE COMPETENCIA TRADUCTORA

La noción de competencia traductora ha sido objeto de estudio en traductología desde los orígenes de esta disciplina. Como resultado, podemos encontrar numerosas investigaciones que giran en torno a diversos aspectos: definición y denominación, componentes, adquisición, clasificación, etc. Entre estos estudios podemos citar algunos ejemplos significativos: Orozco Jutorán (2000), Schäffner y Adab (2000), Kelly (2002 y 2005), Pym (2003), Colina (2003), Kearns (2006b), Soriano García (2007), Galán-Mañas (2009), Morón Martín (2009), Muñoz Ramos (2012), Gregorio Cano (2014). Sin embargo, la falta de consenso en este campo dificulta extraer conclusiones generales.Orozco Jutorán pone de manifiesto en su tesis doctoral la falta de acuerdo en torno a la definición de la competencia traductora. Tras realizar un repaso por las distintas investigaciones solo es capaz de recoger cuatro definiciones explícitas de dicho concepto: Wilss (1982: 58), Bell (1991: 43), Hurtado Albir (1996: 48) y PACTE (2001: 40). Sin embargo, son numerosos los estudios que nombra con respecto a las diversas denominaciones que recibe la competencia traductora y los múltiples componentes que la constituyen.

Ante la variedad de enfoques encontrados, Calvo Encinas establece una serie de elementos de categorización frecuentes de los modelos propuestos por las diversas revisiones llevadas a cabo de este concepto:

- Si el modelo es cognitivo o constructivista.
- Si el modelo es multicomponencial, cerrado o abierto o simplificador-minimalista.
- Si el modelo describe las habilidades del experto o del ideal de experto vigente o describe la competencia desde la perspectiva del aprendiz.
- Si el modelo se ha diseñado desde la ingeniería de los recursos humanos o desde la pedagogía, desde la teoría curricular...
- Si el modelo es intuitivo, empírico, observacional, basado en encuestas, etc. (cfr. 2010: 62).

Hay que tener en cuenta que estas categorías no son excluyentes y la pertenencia a una de ellas no descarta su inclusión en otra categoría. Asimismo, todas ellas dejan entrever dos de los debates en torno a los que gira la investigación sobre la competencia traductora: por un lado, el plano de la descripción y los componentes de la competencia traductora; por otro, los enfoques de los que se debe partir para definir las competencias, aspecto íntimamente relacionado con el plano de la descripción. Así pues, la adopción de un enfoque u otro supone la elección de un paradigma concreto y todo ello tiene consecuencias directas en la aplicación de dichos modelos en la enseñanza. El último punto es uno de los aspectos que recibe mayores críticas en este ámbito: la falta de empirismo[5] de muchos de los trabajos sobre la competencia traduc-

[5] A este respecto, Colina (2003: 32 ss.) cita una serie de estudios empíricos que se han realizado sobre la competencia traductora: TAP (Krings, 1986; Königs, 1987; Jääskeläinen, 1989, 1993; Tirkkonen-Condit, 1989; Lörscher, 1991, 1992; Kussmaul, 1995), análisis de errores (Kussmaul, 1995) e investigaciones cuantitativas (Campbell, 1998). Hurtado Albir (2008) también recoge una serie de estudios que, a pesar de que no se centran en la macrocompetencia traductora, sí arrojan luz sobre algunos aspectos parciales: sobre los conocimientos lingüísticos del traductor (Mondhal y Jensen, 1992), sobre los conocimientos lingüísticos y extralingüísticos (Tirkkonen-Condit, 1992; Dancette, 1995; Alves, 1995, 1996), sobre los conocimientos extralingüísticos (Dancette, 1994, 1997), sobre habilidades y aptitudes como la creatividad, la emotividad y la atención (Kussmaul, 1991, 1995, 1997; Tirkkonen-Condit y Laukkanen, 1996), sobre el

tora. A estas categorías Calvo Encinas (2010: 89) añadió los criterios de exhaustividad y universalidad de los modelos competenciales como factores determinantes del nivel de tecnicismo de las competencias y objetivos y, por tanto, del currículum. Cuanto más exhaustivos y universales se consideren los modelos competenciales, menor grado de contextualización y mayor tecnicismo comportan.

Tal y como venimos exponiendo, la intención de este trabajo es ahondar en la subcompetencia instrumental-profesional, denominada así por autores como Kelly (2005: 32-33). Aunque nuestra atención recae principalmente en las destrezas instrumentales, creemos que es imprescindible considerarlas en conjunto con las competencias profesionales. Analizar las competencias instrumentales —entiéndanse estas como aquellas vinculadas con la documentación, la terminología y la informática—, así como las competencias profesionales, con todo lo que supone el vasto campo de una profesión, constituiría una tarea de varios trabajos de investigación. No obstante, a veces los límites entre unas y otras son tan difusos que, por ejemplo, en el caso de los programas informáticos de gestión de proyectos se produce una mezcla de destrezas tanto instrumentales como profesionales.

Esta subcompetencia ha recibido distintos nombres, pero creemos que el de Kelly es el que mejor recoge su naturaleza práctica. Para profundizar en ella, debemos centrar nuestra investigación en los modelos multicomponenciales que hablan de una sola competencia traductora constituida por varias subcompetencias, ya que nuestra intención no es definir la macrocompetencia traductora, sino centrarnos en uno de los componentes de esta.

Antes de entrar de lleno en los modelos multicomponenciales, recogeremos el «extremo opuesto», la concepción minimalista de la competencia traductora, capitaneada por investigadores como Anthony Pym. La definición de este investigador es una de las más conocidas y adquiere un claro enfoque teórico-descriptivo. La recogemos aquí para resaltar la diferencia principal con los modelos multicomponenciales:

---

papel de la documentación (Atkins y Varantola, 1997; Livbjerg y Mees, 1999), sobre las estrategias (Krings, 1986; Lörscher, 1991, 1992; Kiraly, 1995).

> [...] the training of translators involves the creation of the following two-fold functional competence (cf. Pym 1991):
> • The ability to generate a series of more than one viable target text (TT1, TT2 ... TTn) for a pertinent source text (ST);
> • The ability to select only one viable TT from this series, quickly and with justified confidence. (Pym, 2003: 489)

Se deduce con claridad que Pym atiende exclusivamente a la competencia traslativa en sí, es decir, al proceso de creación, selección y solución de problemas que conlleva la traducción de un texto. El autor no excluye los conocimientos terminológicos, informáticos o estratégicos, por citar algunos, necesarios para la traducción, pero critica su categorización en modelos cerrados e intuitivos. En sus propias palabras, ¿por qué definir un modelo con 6 subcompetencias?, ¿por qué no 16 o 127? Esta crítica encuentra su justificación en el paradigma conductista de las competencias en educación, según el cual las competencias se describen según los patrones comportamentales de los sujetos y están compuestas por rasgos de personalidad, habilidades, actitudes, valores y conocimientos aplicables a un puesto de trabajo. El principal problema que encuentra este autor es que no todas las competencias son directamente observables y categorizables.

Aunque esta definición ha sido defendida principalmente por Pym, La Rocca (2007: 29-30) la utiliza como base en su tesis doctoral para proponer su modelo compatible con una interpretación de la traducción como comunicación intercultural, en la que se deben tener en cuenta la situación comunicativa original y de la cultura meta (Lvovskaya, 1997), y con un modelo funcional de la traducción (Nord, 1991; Reiss y Vermeer, 1984), que considera diferentes factores como el iniciador del encargo de traducción, la función asignada y el receptor de la traducción.

Dentro de los modelos multicomponenciales, el grupo de investigación PACTE (Proceso de Adquisición de la Competencia Traductora y Evaluación) constituye uno de los máximos exponentes en investigación sobre la competencia traductora y ha llevado a cabo en los últimos años numerosos estudios de base empírica que han dado lugar a un modelo holístico de esta noción (PACTE, 2000, 2001, 2002, 2005, 2007, 2008, 2009, 2011a y 2011b). En nuestro trabajo, prestamos mayor atención a este modelo multicomponencial en concreto y a algunos similares, aunque para repasos exhaustivos sobre todas las definiciones de la competencia traductora y sus componentes, remitimos a los trabajos citados anteriormente en este apartado.

Desde PACTE se define la competencia traductora como «the underlying system of knowledge and skills needed to be able to translate» (2000: 100). Desde este grupo se considera la competencia traductora como un conocimiento operativo y experto que no poseen todos los bilingües. Las primeras investigaciones realizadas en el seno de PACTE llevaron al establecimiento de un modelo de competencia traductora formado por seis subcompetencias. Sin embargo, trabajos posteriores han reducido el modelo a cinco:

- **Bilingual subcompetence**. Predominantly procedural knowledge required to communicate in two languages. It comprises pragmatic, sociolinguistic, textual, grammatical and lexical knowledge.
- **Extra-linguistic subcompetence**. Predominantly declarative knowledge, both implicit and explicit, about the world in general, and field-specific. It comprises bicultural, encyclopaedic, and subject knowledge.
- **Knowledge about translation subcompetence.** Predominantly declarative knowledge, both implicit and explicit, about translation and aspects of the profession. It comprises knowledge about how translation functions (translation units, processes required, methods and procedures used and types of problems) and knowledge of professional translation practice (the work market, types of translation briefs, target audiences, etc.). Other aspects intervene, such as knowledge of translation associations, tariffs, taxes, etc.
- **Instrumental subcompetence.** Predominantly procedural knowledge related to the use of documentation resources and information and communication technologies applied to translation (dictionaries of all kinds, encyclopaedias, grammars, style books, parallel texts, electronic corpora, search engines, etc.)
- **Strategic subcompetence.** Procedural knowledge to guarantee the efficiency of the translation process and to solve problems encountered. This is an essential subcompetence that affects all the others since it creates links between the different subcompetences as it controls the translation process. Its functions are to plan the process and carry out the translation project (selecting the most appropriate method), to evaluate the process and the partial results obtained in relation to the final purpose, to activate the different subcompetences and compensate for any shortcomings and to identify translation problems and apply procedures to solve them. (PACTE, 2003: 58-59)

Una de las principales diferencias con el modelo que habían propuesto anteriormente es la eliminación de la subcompetencia psicofisiológica, que sigue siendo considerada como parte del modelo, pero bajo la denominación de componentes psicofisiológicos (no subcompetencia psicofisiológica, como la llamaron en un principio); igualmente se divide en dos la subcompetencia instrumental-profesional, que ahora queda recogida en la subcompetencia instrumental y en la subcompetencia de conocimientos de traducción. Así pues, por un lado, la subcompetencia instrumental se refiere a la utilización de técnicas de documentación, información y nuevas tecnologías al servicio de la traducción y, por otro, la subcompetencia de conocimientos sobre traducción alude a los procesos necesarios para realizar la traducción y a los conocimientos sobre el mundo profesional y el mercado laboral de la traducción. Con el fin de validar el modelo elaborado, el grupo PACTE ha llevado a cabo diversas investigaciones empírico-experimentales siguiendo los principios del método hipotético-deductivo, cuyos resultados han permitido corroborar buena parte de las hipótesis que establecían inicialmente. Entre las metas de este grupo se encuentra también verificar su propuesta de proceso de adquisición de la competencia traductora.

Un modelo muy parecido al de PACTE es el presentado por Kelly y lo que ella denomina subcompetencias de la macrocompetencia traductora. En su proyecto docente esta autora ya definía la competencia traductora como «el conjunto de las (sub)competencias, destrezas y conocimientos que hacen que una persona se pueda describir como traductor (en el sentido profesional) y que la distinguen del no profesional, del no experto, del estudiante, del *native translator* [traductor nativo] de Toury (1984)» (Kelly, 1999: 141, cit. en Mayoral Asensio, 2001: 110). Estas subcompetencias son las siguientes:

- Communicative and textual competence in at least two languages and cultures. This area covers both active and passive skills in the two languages involved, together with awareness of textuality and discourse, and textual and discourse conventions in the cultures involved.
- Cultural and intercultural competence. Culture here refers not only to encyclopaedic knowledge of history, geography, institutions and so on of the cultures involved (including the translator's or students' own), but also and more particularly, values, myths, perceptions, beliefs, behaviours and textual representations of these. Awareness of issues of intercultural communication and translation as a special form thereof is also included here.
- Subject area competence. Basic knowledge of subject areas the future translator will/may work in, to a degree sufficient to allow comprehension of source texts and access to specialized documentation to solve translation problems.

- Professional and instrumental competence. Use of documentary resources of all kinds, terminological research, information management for these purposes; use of IT tools for professional practice (word-processing, desktop publishing, data bases, Internet, email...) together with more traditional tools such as fax, dictaphone. Basic notions for managing professional activity: contracts, tenders, billing, tax; ethics; professional associations.
- Attitudinal or psycho-physiological competence. Self-concept, self-confidence, attention/concentration, memory. Initiative.
- Interpersonal competence. Ability to work with other professionals involved in translation process (translators, revisers, documentary researchers, terminologists, project managers, layout specialists), and other actors (clients, initiators, authors, users, subject area experts). Team work. Negotiation skills. Leadership skills.
- Strategic competence. Organizational and planning skills. Problem identification and problem-solving. Monitoring, self-assessment and revision. (Kelly, 2005: 32-33)

En nuestra opinión, el hecho de que esta autora incluya dentro de la misma categoría los conocimientos instrumentales y los profesionales (relación que se establecía también en el primer modelo propuesto por PACTE) pone de manifiesto el vínculo existente entre la definición del perfil profesional del traductor y la relevancia que adquieren los conocimientos instrumentales en dicho perfil.

Por último, a estos dos modelos ya clásicos sobre la competencia traductora, quisiéramos añadir una aportación más reciente, la del grupo de expertos del *European Master's in Translation* (EMT). La diversidad lingüística de Europa ha permitido un profundo desarrollo de la traducción en nuestro continente. El EMT constituye un proyecto conjunto entre la Dirección General de Traducción (DGT), de la Comisión Europea, y las instituciones universitarias y cuyo fin principal es establecer una etiqueta de calidad para los programas de traducción que cumplan una serie de requisitos. Constituye, por tanto, un marco de referencia en programas de formación en traducción e interpretación.

En este proyecto participaron reconocidos especialistas de universidades europeas, asociaciones de profesionales y organismos internacionales. Uno de los resultados más relevantes es su propuesta de modelo competencial, que se ilustra en el siguiente gráfico:

Figura 2. Modelo de competencias del EMT (EMT expert group, 2009: 4 ss.)

Aunque se trata de un modelo similar al de PACTE o Kelly, una de las principales diferencias con ellos es que no habla de subcompetencias relacionadas con la inteligencia emocional, como ocurría en los anteriores que incluían componentes actitudinales o psicofisiológicos. Sin embargo, al analizar las distintas subcompetencias encontramos componentes como la capacidad de saber gestionar el tiempo, el estrés y el propio trabajo (véase el anexo 1). La mayoría de estas habilidades se engloban dentro de la subcompetencia relacionada con los servicios de traducción, hecho que deja entrever que entre las competencias principales de todo traductor, los componentes relacionados con la inteligencia emocional y otras habilidades de carácter más general aplicables a muchas profesiones desempeñan un papel fundamental. Uno de los principales inconvenientes que vemos en este modelo es su excesivo tecnicismo, ya que describe minuciosamente los componentes de las distintas subcompetencias del gráfico anterior. No obstante, su similaridad con los otros dos modelos y su elaboración por parte de expertos de todo el continente ponen de manifiesto el acuerdo existente en lo que respecta a los componentes básicos de la competencia traductora.

El análisis que hemos realizado de diversos modelos multicomponenciales nos permite concluir que la mayoría de ellos hace referencia a los mismos componentes pero bajo diferentes denominaciones. Como indica Morón Martín:

> La CT parece ser un contenedor compuesto por distintos recipientes cada uno de los cuales se rellena de un determinado material. La diferencia detectada entre unos modelos y otros es que el mismo material puede ubicarse en recipientes

> distintos de un modelo a otro, pudiendo variar el número de recipientes necesarios para conservar dicha sustancia, de ahí que haya quienes necesiten un mayor número de compartimentos, mientras que otros necesitan menos. (2009: 149)

Para comprobar la similitud entre estas propuestas, en la siguiente tabla hemos incluido los tres modelos y hemos encuadrado dentro de la misma línea cada una de las competencias que hace referencia a componentes similares para facilitar la comparación. Tomamos como punto de partida el modelo de PACTE por sus amplias investigaciones realizadas acerca del concepto de competencia traductora.

PACTE (2003: 58-59)	Kelly (1999: 32-33)	EMT (2009: 4 ss.)
Subcompetencia bilingüe	Subcompetencia comunicativa; textual	Subcompetencia lingüística
Subcompetencia extralingüística	Subcompetencia cultural e intercultural Subcompetencia temática	Subcompetencia intercultural Subcompetencia temática
Subcompetencia de conocimientos sobre traducción	Subcompetencia instrumental-profesional	Subcompetencia en servicios de traducción
Subcompetencia instrumental	Subcompetencia instrumental-profesional	Subcompetencia tecnológica Subcompetencia documental
Subcompetencia estratégica	Subcompetencia estratégica	Subcompetencia en servicios de traducción
Componentes psicofisiológicos	Subcompetencia interpersonal Subcompetencia actitudinal/psicofisiológica	Subcompetencia en servicios de traducción

Tabla 1. Tabla comparativa de modelos multicomponenciales de competencias

Aunque por la denominación pueda parecer que hacen referencia a componentes diferentes, al analizar las descripciones que los autores presentan, queda claro que las diferencias son prácticamente onomasiológicas y de clasificación. Desde nuestro trabajo y gracias a los distintos estudios empíricos que pretenden validar estos modelos, creemos que los enfoques multicomponenciales cobran total validez, siempre que no realicen una fragmentación exhaustiva de la competencia traductora con extensas enumeraciones de sus componentes, y que permitan la contextualización curricular en todos los niveles.

La complejidad de las denominaciones de las subcompetencias traductoras viene también señalada por Kiraly (2013: 212). Este hecho se refleja en su propuesta de proceso de adquisición de la competencia traductora, otro de los puntos señalados por Hurtado Albir en su definición de enfoque metodológico en traducción. A este respecto, Kiraly considera que el proceso de adquisición de la competencia traductora es un proceso multidimensional de interacción de las distintas subcompetencias. Pero desde su punto de vista, no se trata tanto de *adquirir* las subcompetencias, sino que estas *emergen* gradual o simultáneamente en diferentes situaciones a lo largo del tiempo. Su modelo es el siguiente:

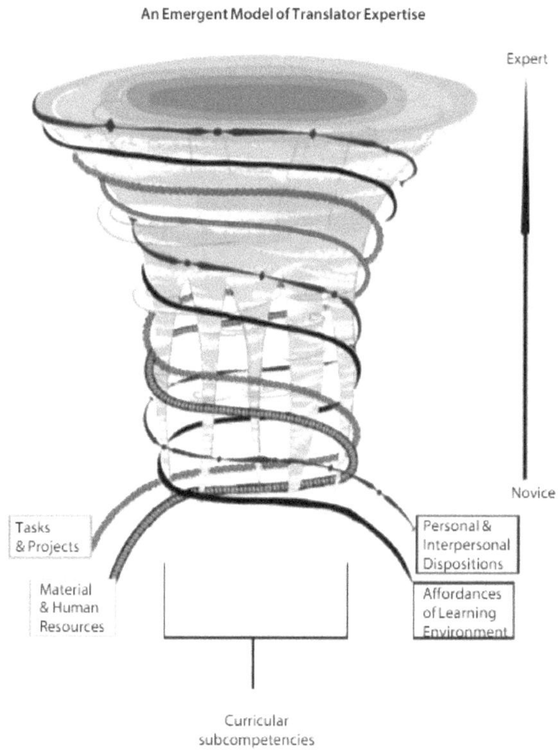

Figura 3. Modelo de surgimiento de la competencia traductora (Kiraly, 2015: 28)

Según este autor cada subcompetencia aparece en el nivel inferior de principiante como un vórtice que indica su complejidad y evolución constante. Los remolinos de estos vórtices muestran cómo se van incorporando la experiencia y el aprendizaje de manera progresiva. Las cintas que giran alrededor de dichos vórtices señalan cómo la competencia traductora está determinada por distintos factores: las tareas y los proyectos de traducción, la predisposición personal e interpersonal, los materiales y recursos disponibles, etc. Cuando se llega a la parte superior del modelo, el nivel de experto, los vínculos entre las distintas subcompetencias pasan a ser mucho más complejos e incluso llegarán a fusionarse en una macrocompetencia traductora (*cfr.* Kiraly, 2015: 27). Este modelo se integraría igualmente en un entorno en el que se produce interacción con otros estudiantes, con profesores y con profesionales del sector:

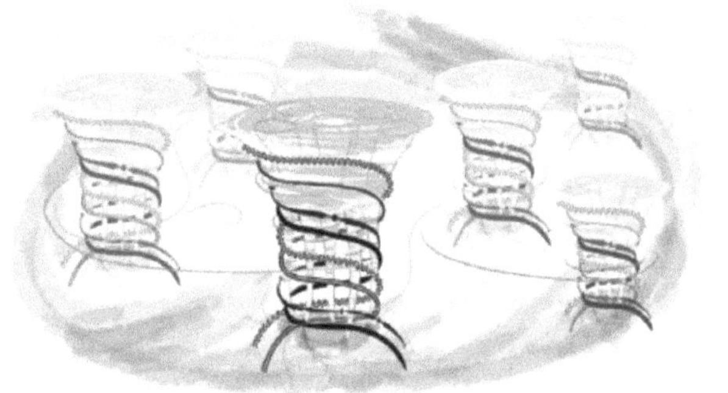

Figura 4. Modelo de surgimiento conjunto de la competencia traductora (Kiraly, 2015: 29)

Esta última reflexión sobre el proceso de adquisición de la competencia traductora nos remite al paradigma de competencias desde el punto de vista de las ciencias de la educación. Desde la didáctica se ha reprobado la concepción mecanicista y lineal que ha primado tradicionalmente en muchas definiciones conductistas de competencias, según las cuales estas se limitan a simples fragmentaciones de conductas observables que dan lugar a comportamientos más complejos. Desde modelos enormemente exhaustivos, las competencias adquieren carácter conductual, verificable y mensurable y se obvia en todo momento el contexto de aplicación y los agentes involucrados en el currículum.

Es, por este motivo, por el que en este trabajo proponemos una interpretación constructivista y holística de las competencias, según la cual estas se convierten en elementos de activación, aplicación e integración del conocimiento y de las destrezas necesarias en diversas situaciones complejas e impredecibles (Perrenoud, 1997, cit. en Morón Martín, 2009: 91).

> Une compétence est un savoir-agir complexe résultant de l'intégration, de la mobilisation et de l'agencement d'un ensemble de capacités et d'habiletés (pouvant etre d'ordre cognitif, affectif, psychomoteur ou social) et de connaissances (connaissances déclaratives) utilisées efficacement, dans des situations ayant un caractère commun. (Lasnier, 2000: 32)

Las situaciones en las que se ponen de manifiesto las competencias son tantas y tan diversas que resulta imposible clasificarlas en términos absolutos, por lo que las enumeraciones de competencias *ad hoc* quedan fuera de lugar. Sin embargo, desde el enfoque constructivista importan los componentes cognitivos, las personas y el entorno sociolaboral, de forma que ya no se corre el riesgo de excluir las competencias que no sean directamente observables, tal y como ocurría en los modelos conductistas. Asimismo, los componentes de naturaleza emocional adquieren un papel esencial en el enfoque propuesto.

En definitiva, la incursión del paradigma de las competencias en el campo de la didáctica ha supuesto una reorientación hacia la funcionalidad del resto de componentes didácticos, de forma que las competencias y los objetivos dejan de ser el fin o la esencia de la formación para convertirse en guía del proceso, al mismo tiempo que se pone el acento en el proceso de desarrollo individual del conocimiento que se produce gracias a la interacción del sujeto con su entorno.

1.1.2.1. La subcompetencia instrumental-profesional del traductor

Partiendo de las definiciones sobre la competencia traductora y el enfoque constructivista de esta noción que aquí defendemos, haremos un breve repaso por aquellos estudios en los que se aborda la subcompetencia instrumental-profesional desde un modelo multicomponencial. Omitimos otros estudios en los que no se menciona esta subcompetencia, como pueden ser aquellos de principios de la década de los ochenta en los que todavía no se había progresado lo suficiente en conocimientos informáticos o cuyas definiciones se centran en otros componentes de la competencia traductora[6].

Entre las cinco subcompetencias que proponía, el canadiense Roberts (1984: 172) citaba la subcompetencia técnica, que hace referencia a la capacidad de usar herramientas de ayuda a la traducción como procesadores de texto, bases de datos terminológicas o dictáfonos, entre otras.

Nord (1992) presenta un modelo de seis subcompetencias y aunque ninguna de ellas hace referencia explícita a las nuevas tecnologías o a los aspectos profesionales, sí que incluye una competencia de documentación. El mismo caso se da en las propuestas de Risku (1998) y Schäffner y Abad (2000). Actualmente se ha establecido un estrecho vínculo entre esta subcompetencia y las nuevas tecnologías, ya que la principal fuente de documentación de los traductores de hoy en día es internet. Además, tal y como indica Pinto (2005, cit. en Sales, 2006: 75), esta subcompetencia se basa no solo en saber utilizar los recursos documentales, sino también en «el manejo de información, determinando necesidades, planificando la búsqueda, usando estrategias para localizar y obtener información, discriminando y valorando la información para la toma de decisiones».

Nord, en un artículo posterior titulado «Training functional translators» (2005), presenta una clasificación de las competencias que describen a un traductor funcionalista. Esta clasificación fue acordada por los expertos que participaron en la *Conference on Translation Quality*, celebrada en Leipzig en el año 2004. Dentro de esta clasificación, destacamos las siguientes competencias:

- Competencia documental. Capacidad de buscar y conseguir la información necesaria sobre un tema concreto.
- Competencia en nuevas tecnologías. Capacidad de utilizar las herramientas de traducción tradicionales y modernas.
- Conocimientos profesionales. Conocimientos sobre la práctica profesional y características relacionadas con dicha práctica: capacidad de trabajar rápido, dando un producto de calidad y rentable al mismo tiempo, resistencia al estrés, asertividad y confianza en uno mismo, entre otras características.

---

6 Algunos de estos estudios sobre la competencia traductora son los siguientes: Wilss (1976), Delisle (1980), Krings (1986), Lowe (1987), Bell (1991), Hewson y Martin (1991), Gile (1995), Kussmaul (1995), Beeby (1996), Hansen (1997), Hatim y Mason (1997), Shreve (1997), Campbell (1998), Risku (1998), Neubert (2000), Pym (2003).

Hewson (1995) divide la competencia traductora en tres niveles: lingüístico, cultural y profesional. Con respecto a este último nivel propone enseñar las condiciones del mundo profesional y subraya la importancia de las herramientas informáticas como pueden ser bancos de datos, textos paralelos, etc.

Presas Corbella (1996) identifica dos tipos de conocimientos dentro de la competencia traductora, los epistémicos y los operativos. Los primeros, a pesar de constituir la base de la competencia traductora, no son específicos del traductor profesional, ya que se comparten con lo que ella denomina traductor natural. Dentro de los operativos distingue entre conocimientos nucleares, periféricos y tangenciales. La relación que se establece entre ellos es la siguiente:

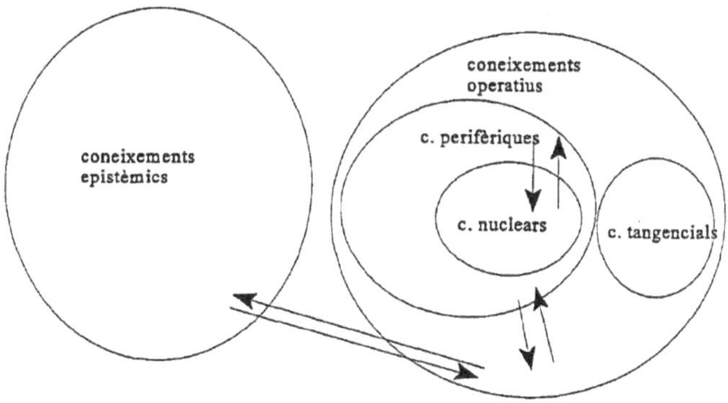

Figura 5. Modelo de competencias del traductor de Presas Corbella (1996: 230)

Los conocimientos periféricos se refieren al uso de instrumentos de trabajo específicos en traducción y a las capacidades del sujeto de realizar predicciones sobre su trabajo a partir del texto origen, recurrir a fuentes de documentación y evaluarlas, estimar el tiempo del que se dispone para adquirir conocimientos sobre el tema al instante, por citar algunos ejemplos. Dentro de los conocimientos tangenciales la autora incluye el uso de tecnologías de edición y autoedición. Así pues, se observa que tanto en los conocimientos periféricos como en los tangenciales se hace mención a los instrumentos de trabajo y a las competencias profesionales.

Uno de los principales representantes del enfoque situacional en didáctica de la traducción, Vienne (1998: 113), recoge dos componentes de la competencia traductora íntimamente relacionados con la subcompetencia instrumental: la habilidad de decidir sobre la estrategia de documentación en función de la situación y la habilidad de utilizar los recursos con eficacia para llevar a cabo la tarea (*cfr.* Kozlova, 2005: 6).

Hurtado Albir en su manual *Enseñar a traducir: metodología en la formación de traductores e intérpretes* habla de una competencia profesional que incluye «conocimientos y habilidades relacionados con el ejercicio de la traducción profesional: conocimientos del mercado laboral, de todos los útiles de documentación y de las nuevas tecnologías necesarias para el traductor» (1999: 43). En su opinión, la competencia comunicativa y extralingüística es común a cualquier persona con conocimientos de dos lenguas. Sin embargo, esta competencia profesional junto con las de transferencia, psicofisiológica y estratégica son las que distinguen al traductor de cualquier persona bilingüe. La propuesta de Hurtado Albir evoluciona con la del grupo PACTE y el modelo que recogimos en el apartado anterior. Así pues la subcompetencia aquí analizada queda finalmente dividida en la subcompetencia instrumental y la subcompetencia sobre conocimientos de traducción.

Kautz (2000: 20), además de los conocimientos lingüísticos, culturales y teóricos de la traducción, habla de una *translatorische Kompetenz* en la que se incluyen conocimientos relacionados con el texto origen, la presentación del texto meta, las estrategias de traducción, la documentación, la terminología y los conocimientos de la práctica profesional (*cfr.* Pym, 2003: 486). Como se deduce de esta categorización, el autor intenta diferenciar las competencias específicas del traductor como experto de cualquier bilingüe.

Kiraly (2000: 13), por su parte, distingue entre competencia en traducción (*translation competence*) y competencia del traductor (*translator competence*). Esta noción de competencia traductora ya se vislumbraba en su libro de 1995. La diferencia entre una y otra estriba en que la primera se refiere a la capacidad de producir un texto meta en una lengua partiendo de un texto origen en otra, mientras que la segunda alude a la capacidad de formar parte de un grupo de profesionales que maneja distintas lenguas, se defiende en diversos campos de especialización y utiliza las nuevas tecnologías. Su concepción queda clara en la siguiente cita:

> Translator competence does not primarily refer to knowing *the* correct translation for words, sentences or even texts. It does entail being able to use tools and information to create communicatively successful texts that are accepted as good translations within the community concerned. Perhaps most importantly, it means knowing how to work co-operatively within the various overlapping communities of translators and subject matter experts to accomplish work collaboratively; to appropriate knowledge, norms and conventions; and to contribute to the evolving conversation that constitutes those communities. (Kiraly, 2000: 13-14)

En estrecha relación con este concepto se encuentra su definición de la competencia profesional. Tomando las ideas de Schön (1987: 4), destaca el carácter imprevisible del mundo laboral, hecho que provoca que los profesionales tengan que reaccionar ante distintos contextos inesperados. Por este motivo, no defiende tanto enseñar estrategias concretas en sí, sino más bien proporcionar la capacidad de usar las estrategias con las que cuentan y desarrollar otras nuevas en función de las necesidades del contexto. Esta capacidad permitirá adquirir la experiencia y el profesionalismo necesarios para desenvolverse con éxito en la práctica profesional. Dicha idea se relaciona claramente con la concepción de competencia que defendemos, según la cual es imposible enumerar todos los componentes de la competencia traductora, por lo que se pretende ofrecer una formación que permita la adaptación a diferentes contextos.

En 2004 González Davies presenta una particular distinción con respecto a la competencia traductora. Según la autora, esta se divide en aptitudes y actitudes, y dentro de esta última categoría incluye la competencia profesional e informática, que engloba conocimientos sobre exigencias del mercado, nuevas tecnologías, formación permanente, etc. Recogemos aquí su propuesta en forma de gráfico.

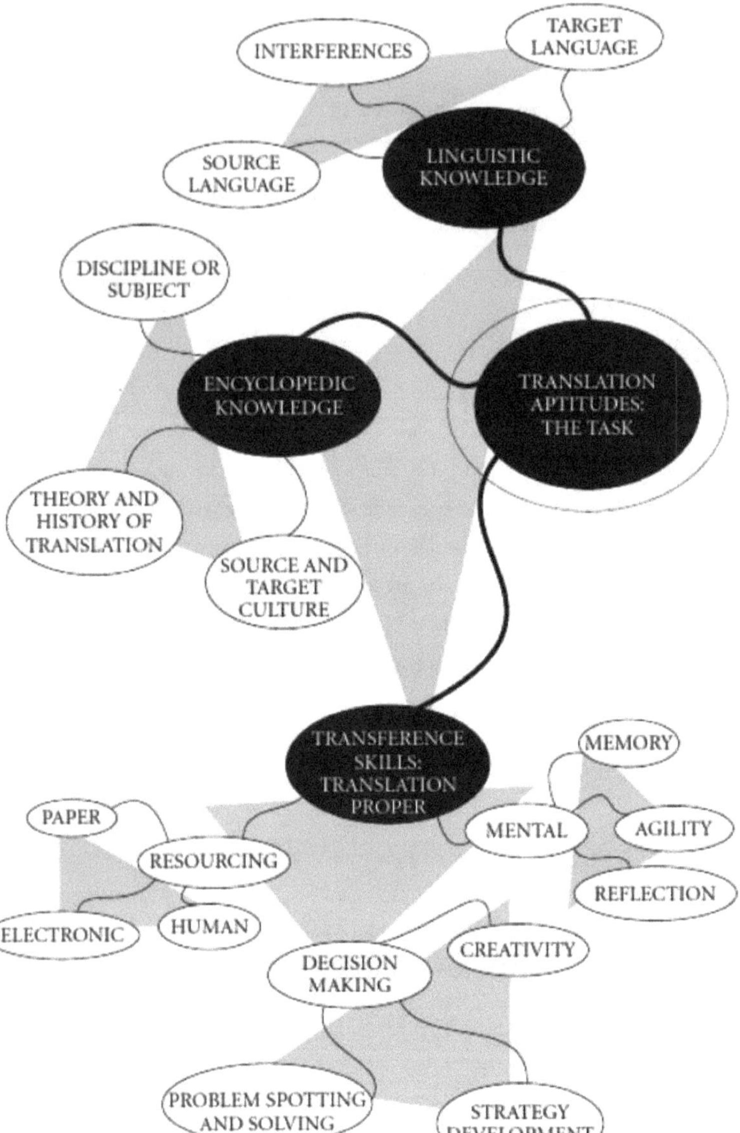

Figura 6. Aptitudes de la competencia traductora según González Davies (2004: 131)

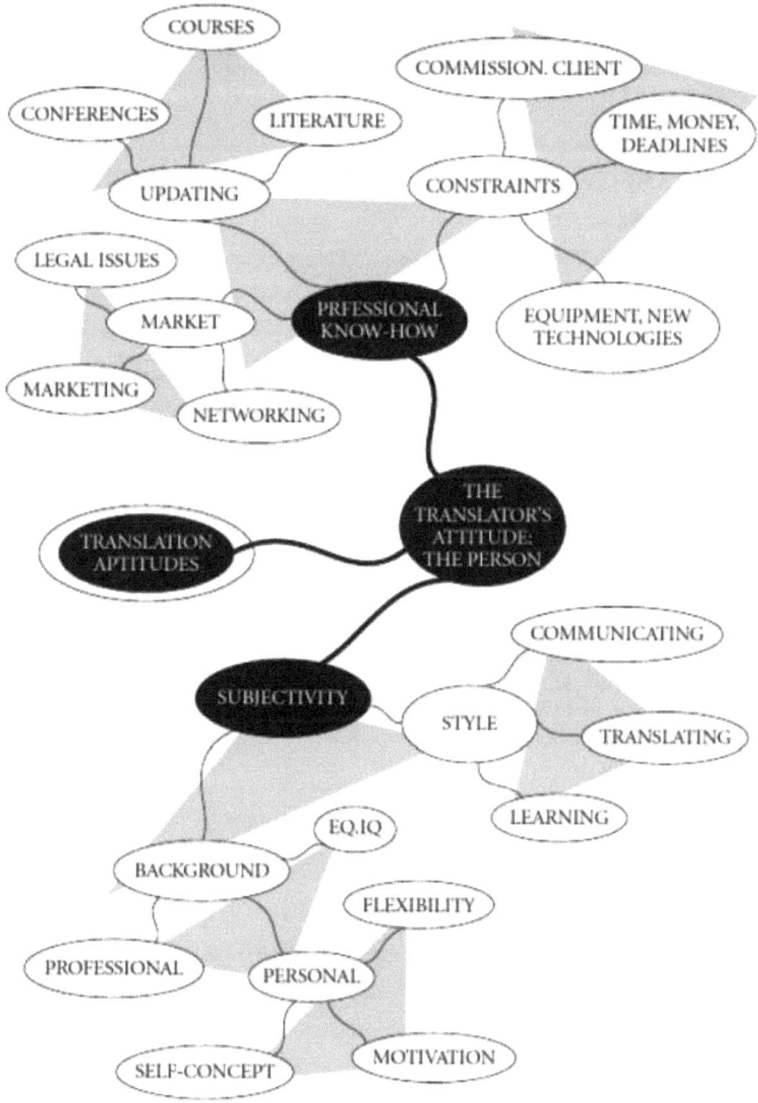

Figura 7. Actitudes de la competencia traductora según González Davies (2004: 217)

Tal y como se puede observar, la subcompetencia instrumental-profesional se encuentra presente en los dos gráficos, en el primero con referencia a los recursos o herramientas y en el segundo donde se incluyen la experiencia profesional y las características propias del sujeto.

En el *Libro Blanco sobre el Título de Grado en Traducción e Interpretación* (Muñoz Raya y ANECA, 2004), tras la encuesta realizada a estudiantes, académicos y empleadores, se establecen una serie de competencias transversales y específicas. Estas últimas se subdividen a su vez en competencias disciplinares, profesionales y académicas. Dentro de las competencias transversales se incluyen competencias de carácter más genérico y algunas de ellas relacionadas con la inteligencia emocional: resolución de problemas, capacidad de análisis y de síntesis, toma de decisiones, capacidad de gestión de la información, etc. Destaca dentro de esta categoría el dominio de lenguas, característica fundamental del traductor.

Entre las competencias específicas establecidas, las más señaladas son las siguientes:

1. Dominio de lenguas extranjeras.
2. Conocimiento de culturas y civilizaciones extranjeras.
3. Dominio de la lengua propia, escrita y oral.
4. Dominio de técnicas y terminología de la traducción especializada.
5. Manejo de herramientas informáticas.
6. Dominio de técnicas de traducción asistida/localización.
7. Destreza para la búsqueda de información/documentación.
8. Conocimiento de los aspectos económicos y profesionales.
9. Capacidad de trabajo en equipo.
10. Capacidad de diseñar y gestionar proyectos.
11. Poseer una amplia cultura. (Muñoz Raya y ANECA, 2004: 88)

En el Libro Blanco se pueden encontrar tablas en las que se especifica la importancia que cada grupo de encuestados otorga a cada una de estas competencias (véase el anexo 2). No obstante, esta clasificación pone de manifiesto la relevancia que adquiere la subcompetencia instrumental-profesional, ya que desde el punto 5 en adelante, todas las habilidades citadas están relacionadas con esta subcompetencia.

En uno de los estudios que más en profundidad se ha tratado la subcompetencia instrumental es en la tesis de Inna Kozlova (2005). Esta autora se encarga de investigar dicha subcompetencia, principalmente en lo que concierne a tareas de documentación y consulta léxica, no solo para la traducción, sino también para la reproducción textual en general. En su tesis realiza un estudio observacional sobre el proceso de consulta de los distintos tipos de fuentes y ofrece la siguiente definición: «La competencia instrumental se define en este trabajo como el conocimiento de los recursos, por una parte, y el dominio de los procedimientos de consulta, por otra» (Kozlova, 2005: 335). Aunque esta definición resulte muy restringida para nuestro trabajo, es encomiable la novedosa perspectiva psicolingüística con la que aborda la autora su investigación.

Otra investigadora muy interesada por la subcompetencia instrumental es Fernández Rodríguez (2005: 63). Esta autora la denomina *competencia en tradumática* y la define como «el conjunto de conocimientos, habilidades y actitudes necesarios para saber utilizar las TIC en la traducción». Con TIC hace referencia tanto a las herramientas de carácter general como a las específicas del campo de la traducción. Al igual que el grupo de investigación al que pertenecía cuando publicó su tesis, PACTE, considera que se trata de un conocimiento experto y principalmente operativo, que supone el dominio técnico y estratégico de los recursos y su adquisición implica la interiorización de operaciones automatizadas resultado de la práctica y la experiencia profesional.

En el año 2006, con la publicación de la norma europea EN 15038, se definen muchos de los conceptos pertenecientes al sector de los *translation service providers*. En esta norma se habla de las siguientes subcompetencias de la competencia traductora:

a) **Translating competence:** Translating competence comprises the ability to translate texts to the required level, i.e. in accordance with 5.4. It includes the ability to assess the problems of text comprehension and text production as well as the ability to render the target text in accordance with the client-TSP agreement (see 4.4) and to justify the results.
b) **Linguistic and textual competence in the source language and the target language:** Linguistic and textual competence includes the ability to understand the source language and mastery of the target language. Textual competence requires knowledge of text type conventions for as wide a range of standard-language and specialised texts as possible, and includes the ability to apply this knowledge when producing texts.
c) **Research competence, information acquisition and processing:** Research competence includes the ability to efficiently acquire the additional linguistic and specialised knowledge necessary to understand the source text

and to produce the target text. Research competence also requires experience in the use of research tools and the ability to develop suitable strategies for the efficient use of the information sources available.

d) **Cultural competence:** Cultural competence includes the ability to make use of information on the locale, behavioural standards and value systems that characterise the source and target cultures.

e) **Technical competence:** Technical competence comprises the abilities and skills required for the professional preparation and production of translations. This includes the ability to operate technical resources as defined in 3.3. (AENOR, 2006: 6-7)

Con la actualización de esta norma en 2015, que pasó a ser la ISO 17100, se añade la llamada *domain competence*, definida como la capacidad de comprender el contenido producido en la lengua de origen y reproducirlo en la lengua de destino con el estilo y la terminología adecuados (AENOR, 2015: 6).

Queda claro que las subcompetencias técnica y documental constituyen dos de los pilares de este modelo. Sin embargo, llama la atención que a pesar de incluir en la norma tareas como la de gestión de proyectos, la gestión de calidad o el mantenimiento de la relación con el cliente, estas no se incluyen como componentes de la competencia traductora. En nuestra opinión, este hecho encuentra su justificación en el interés por aportar un modelo de competencias que se centre en la tarea traductora propiamente dicha y no tanto en otras tareas adicionales que pueden tener la misma importancia pero que resultan complementarias al proceso de traducción en sí.

Katan (2008) en su artículo «University Training, Competencies and the Death of the Translator. Problems in Professionalizing Translation and in the Translation Profession» presenta un modelo de seis subcompetencias: textual, extralingüística, de transferencia general o de mediación, de transferencia estratégica o de mediación, instrumental/profesional y actitudinal. Dentro de la subcompetencia instrumental/profesional incluye los conocimientos relacionados con fuentes de documentación, nuevas tecnologías y conocimientos sobre el mercado laboral.

Otra de las denominaciones más recientes de esta competencia es la de competencia tecnológica informacional (Bowker y Corpas Pastor, 2015), definida como una competencia profesional de los traductores que comprende los conocimientos y las habilidades necesarias para seleccionar y usar eficazmente las herramientas de traducción asistida por ordenador (TAO) y TIC para tareas de pretraducción, comprobación y revisión de un texto meta. En opinión de estas autoras, esta competencia incluye las subcompetencias técnica y de investigación. Como vemos, se vuelve a establecer un fuerte vínculo con la profesión.

Como mencionábamos más arriba, el *European Master's in Translation* se ha constituido como marco de referencia para la creación de nuevos programas formativos y parte de la definición de las competencias de los profesionales de la traducción. A nosotros nos interesan especialmente lo que ellos denominan *translation service provision competence, information mining competence* y *technological competence*. Como se puede observar se proponen tres subcompetencias, de un modelo de seis, que hacen referencia a la subcompetencia que aquí nos interesa y que otros autores incluían en una única o sencillamente la obviaban. Una descripción detallada de los componentes de estas subcompetencias se incluye en el anexo 1.

Por último, tenemos la propuesta del programa OPTIMALE (*Optimising Professional Translator Training in a Multilingual Europe*), que se trata de una red académica Erasmus (*Erasmus Academic Network*) fundada por la Dirección General de Educación y Cultura de la Unión Europea y compuesta por 70 socios de 32 países diferentes de la Unión Europea y otros países. Su objetivo principal ha sido establecer entre 2010 y 2013 un marco de referencia en la formación de traductores, con el fin de desarrollar programas basados en competencias profesionales. Para ello, se estableció el mercado europeo como punto de partida para la definición de perfiles y su intención era definir las competencias profesionales a partir del análisis de las necesidades del mercado. Una de sus grandes contribuciones ha sido la encuesta sobre competencias que realizaron a empleadores, más concretamente a TSP, de todo el continente. Como resultado de esta encuesta, se extrae una serie de conclusiones acerca de las competencias que más se demandan en el sector de los *translation service providers*. Se identificaron una serie de requisitos competenciales en torno a los que giraría el proyecto: especialización en campos, nuevas tecnologías, prácticas profesionales y control de calidad. En este apartado nos centramos únicamente en los aspectos relacionados con las nuevas tecnologías y las prácticas profesionales.

Uno de los principales defectos que, en nuestra opinión, presenta este estudio es la excesiva fragmentación de las competencias en subcompetencias muy concretas. Por ejemplo, para conocer la importancia que los empleadores otorgan a las nuevas tecnologías, se pregunta por la necesidad de manejar memorias de traducción, localizar páginas web o procesar archivos, entre otras muchas tareas. No obstante, este enfoque tiene su justificación en la necesidad de conocer en profundidad qué es lo que realmente se demanda, es decir, su fin es informativo más que didáctico. Si se preguntara únicamente por la importancia de las subcompetencias en sí, por ejemplo, qué importancia tiene la subcompetencia instrumental-profesional sobre el resto, los resultados serían mucho más vagos. Igualmente esta descripción de competencias no se debe entender como un constructo cerrado e inamovible, sino como una referencia a escala europea en la que toda contextualización tiene cabida.

Ya en la lista de las 10 competencias más importantes arrojadas por los estudios de mercado, encontramos una serie de competencias relacionadas con la subcompetencia instrumental-profesional: identificar las necesidades del cliente, experiencia en la traducción profesional, conocimiento de las normas y ética profesional, definir los recursos necesarios, realizar estimaciones, consolidar las relaciones con el cliente y usar sistemas de memorias de traducción.

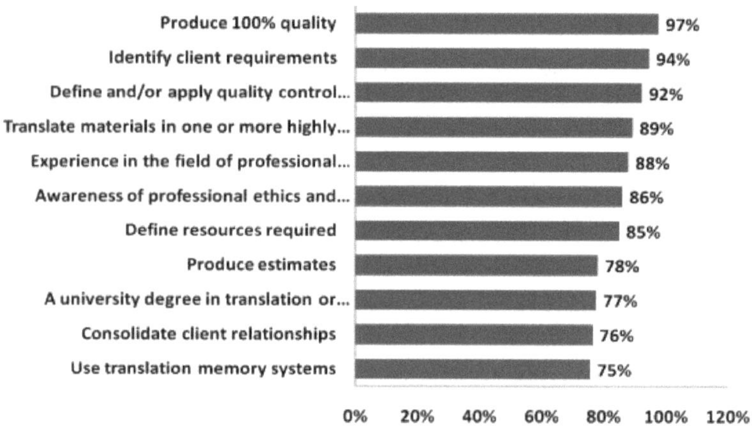

Figura 8. Las 10 competencias más importantes para los TSP según OPTIMALE (Valero-Garcés y Toudic, 2014: 196)

En lo que concierne a las competencias sobre nuevas tecnologías, podemos distinguir dos grupos diferenciados: las competencias en herramientas «básicas», como TAO o TIC, y en herramientas más avanzadas, como sistemas de reconocimiento de voz, DTP o traducción automática. Mientras que las primeras son consideradas esenciales o importantes por el 75 % de los encuestados, las segundas se encuentran entre las menos conocidas. No obstante, no se debe pasar por alto una cifra: todas las competencias tecnológicas incluidas en la encuesta se consideraron esenciales o importantes por al menos un 30 % de los encuestados, hecho que pone de manifiesto la relevancia de esta subcompetencia.

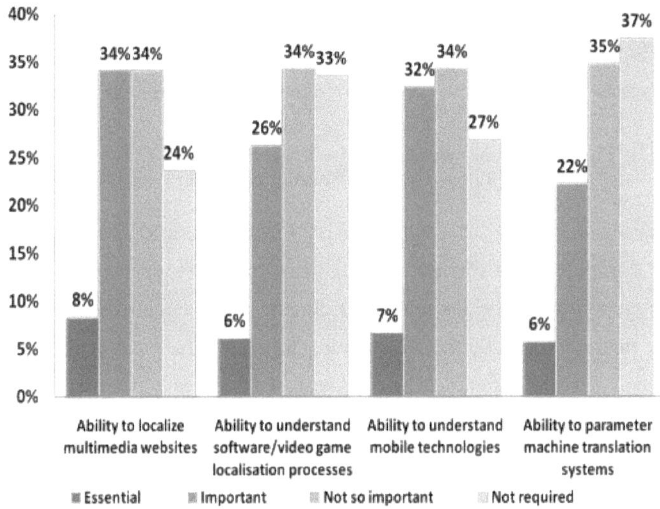

Figura 9. Competencias en nuevas tecnologías según OPTIMALE (Valero-Garcés y Toudic, 2014: 194)

En lo que concierne a las competencias profesionales, podemos destacar varios datos importantes. En primer lugar, hay que resaltar la relevancia que adquiere el conocimiento sobre las normas y la ética profesional. Entre las diez competencias más importantes ya se citaban algunas de las incluidas en esta categoría: identificar los requisitos del cliente, realizar estimaciones y definir los recursos necesarios para un proyecto de traducción. Un 75 % considera importante la competencia de gestión de proyectos complejos y el 90 % estima esencial o importante la realización de controles de calidad.

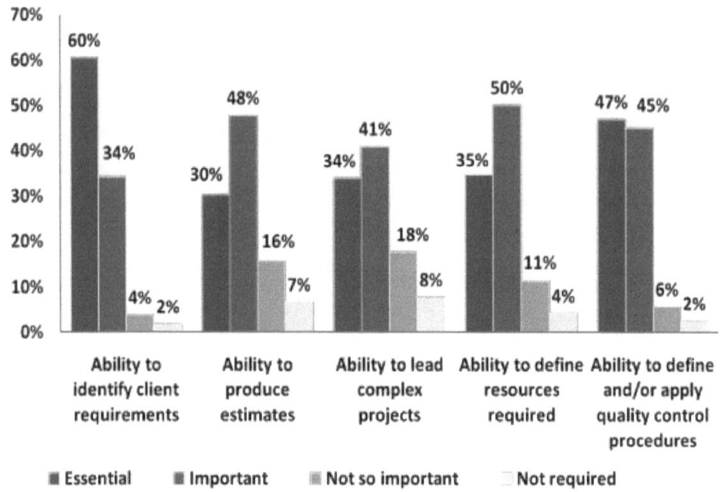

Figura 10. Competencias profesionales según OPTIMALE (Valero-Garcés y Toudic, 2014: 195)

En definitiva, la complejidad expuesta en los diversos modelos componenciales de la competencia traductora y la falta de consenso en torno a su definición nos permiten extraer las siguientes conclusiones. En las definiciones analizadas, a pesar de las diferentes denominaciones que ha recibido la que nosotros llamamos subcompetencia instrumental-profesional (para otros autores, técnica, instrumental, profesional, tecnológica informacional, informática, en tradumática, documental o de conocimientos en traducción), el contenido al que se hace referencia es prácticamente el mismo. Por un lado, encontramos definiciones en las que solo se incluye la competencia documental, la instrumental o la profesional; por otro, se encuentran aquellas en las que estas competencias forman parte de una sola. La combinación más común es la de incluir los conocimientos profesionales y tecnológicos dentro de una misma categoría. Igualmente, se encuentran aquellos casos en los que se consideran los tres componentes como entidades independientes pero interrelacionadas dentro de un mismo modelo. Por último, algunos modelos como el de Presas Corbella (1996), Kautz (2000), Kiraly (2000), González Davies (2004) y Muñoz Raya y ANECA (2004) hablan de categorías más generales en las que estos conocimientos adquieren carácter transversal.

En lo que concierne a las nuevas tecnologías se puede observar, en primer lugar, que el tipo de herramientas al que se hace mención varía en función del modelo. Así las propuestas más recientes incluyen las herramientas de traducción asistida, mientras que modelos más antiguos como, por ejemplo, el de Roberts se limitan a mencionar los procesadores de textos. Otros modelos recogen únicamente la subcompetencia documental, por lo que restringen el abanico de posibilidades que ofrecen las nuevas tecnologías.

En lo que respecta a los conocimientos sobre la profesión, muchas de las propuestas analizadas los incluyen dentro de la misma subcompetencia que los conocimientos tecnológicos, de manera que se llega a asemejar el uso de las nuevas tecnologías con las necesidades del mundo profesional. Como hemos expuesto más arriba, esto se debe a que con la aparición de nuevos modelos de mercado, se ha llegado a limitar los conocimientos profesionales a las competencias instrumentales o tecnológicas. En otros casos, se prefiere la distinción entre conocimientos instrumentales y profesionales, por lo que estos componentes adquieren un gran peso en la definición de la competencia traductora. No obstante, muchos de los componentes de la subcompetencia profesional adoptan carácter actitudinal y guardan una estrecha relación con la inteligencia emocional. Por este motivo, el Libro Blanco habla de competencias transversales para referirse a dichos componentes. Asimismo, no podemos obviar las competencias genéricas descritas por *Tuning* (González y Wagenaar, 2003), aplicables a todos los grados. Estas se subdividieron en competencias instrumentales, interpersonales y sistémicas, íntimamente relacionadas con las aquí estudiadas.

- **Competencias instrumentales**: competencias que tienen una función instrumental. Entre ellas se incluyen:
  - Habilidades *cognoscitivas*, la capacidad de comprender y manipular ideas y pensamientos.
  - Capacidades *metodológicas* para manipular el ambiente: ser capaz de organizar el tiempo y las estrategias para el aprendizaje, tomar decisiones o resolver problemas.
  - Destrezas *tecnológicas* relacionadas con el uso de maquinaria, destrezas de computación y gerencia de la información.
  - Destrezas *lingüísticas* tales como la comunicación oral y escrita o conocimiento de una segunda lengua.
- **Competencias interpersonales:** capacidades *individuales* relativas a la capacidad de expresar los propios sentimientos, habilidades críticas y de autocrítica. Destrezas sociales relacionadas con las habilidades interpersonales, la

capacidad de trabajar en equipo o la expresión de compromiso social o ético. Estas competencias tienden a facilitar los procesos de interacción social y cooperación.

— **Competencias sistémicas:** son las destrezas y habilidades que conciernen a los *sistemas como totalidad*. Suponen una combinación de la comprensión, la sensibilidad y el conocimiento que permiten al individuo ver cómo las partes de un todo se relacionan y se agrupan. Estas capacidades incluyen la habilidad de planificar los cambios de manera que puedan hacerse mejoras en los sistemas como un todo y diseñar nuevos sistemas. Las competencias sistémicas o integradoras requieren como base la adquisición previa de competencias instrumentales e interpersonales (González y Wagenaar, 2003: 81-82).

Todo esto apunta, por tanto, a que la subcompetencia instrumental-profesional está íntimamente relacionada con el desarrollo del paradigma tecnológico-profesional en traductología y los nuevos sectores que han aparecido en las últimas décadas, impulsados, entre otros factores, por el despegue de las nuevas tecnologías y el mercado de la localización y los TSP. Todo ello se encuentra a su vez potenciado por las nuevas políticas educativas a escala europea, en las que las nociones de competencia y profesión adquieren un papel fundamental. Sin embargo, hay que tener claro que, a pesar de estar estrechamente vinculados, los conocimientos instrumentales y los profesionales pueden hacer referencia a competencias muy diferentes. Es más, en nuestra opinión y en el sentido amplio del término, las competencias profesionales se podrían considerar una macrocompetencia que integra al resto (la lingüística, la cultural, la instrumental, etc.), ya que todas ellas son exigidas para formar parte de este sector. El enfoque que aquí adoptamos, en el que se promueve una formación basada en competencias desde una perspectiva constructivista, y la importancia que para nosotros adquiere el paradigma tecnológico-profesional nos han hecho decantarnos por la denominación de subcompetencia instrumental-profesional, siendo siempre conscientes de los matices de ambos componentes. Además, con este término se pretende responder a las carencias detectadas en nuestra formación en este ámbito y a la necesidad de vincular las destrezas mencionadas con el resto. Ambas las concebimos como competencias que deben recorrer el currículum horizontalmente y el hecho de que continuamente se esté relacionando tecnología y profesión, nos obliga a tomar esta última como referente.

En definitiva, debemos señalar que las definiciones más recientes aquí citadas ponen el acento en la necesidad de comprender la competencia traductora como un complejo sistema de conocimientos que están en constante relación. Así pues, la subcompetencia instrumental-profesional se encarga, por un lado, de suplir las insuficiencias informativas que detecta el traductor durante el proceso de trabajo, al mismo tiempo que lo agiliza y lo hace más productivo. Las normas del mercado laboral y las expectativas del cliente son dos de los factores que ejercen gran influencia, pero no podemos olvidar que el proceso traductor no tiene sentido si no es en estrecha relación con el resto de subcompetencias.

1.1.3. Marco pedagógico

En lo que concierne al marco pedagógico del que habla Hurtado Albir (1999: 29), es preciso señalar que, a pesar de las numerosas publicaciones existentes en didáctica de la traducción, y aunque resulte paradójico, muchas de ellas no toman en consideración las investigaciones de las ciencias de la educación y se parte de una visión limitada a nuestra propia disciplina. En ocasiones, no se tienen en cuenta principios didáctico-curriculares para justificar los propios enfoques e inevitablemente se vuelve a muchos de los debates que se han producido en las ciencias de la educación. Por este motivo, en nuestra propuesta, hemos intentado conciliar conceptos propios del campo de la educación con aquellos que son objeto de investigación en didáctica de la traducción.

Lo cierto es que buena parte de los principios educativos que vamos a tener en cuenta para el diseño de nuestra propuesta didáctica ya se han expuesto en los apartados anteriores. En primer lugar, como señalábamos en el apartado de concepción de traducción, partimos de un enfoque contextualizador del currículum, según el cual se deja atrás una perspectiva lineal que tome la concepción de traducción como referencia para determinar las distintas materias (*Traducción>Currículum*). Es imprescindible partir de la demanda social, de mercado y de los intereses del estudiantado para evitar constricciones disciplinares tradicionales y adaptarnos a los continuos cambios. Se promueve, por tanto, un punto de vista *Currículum>Traducción* (*cfr.* Calvo Encinas, 2010: 39-40).

Teniendo todo esto en mente, defendemos un currículum gracias al cual el estudiante pueda conocer los distintos sectores y corrientes de traducción y, de esta forma, sea capaz de adaptarse a las necesidades del mercado. Si en determinadas asignaturas se aborda la traducción especializada, tal y como nosotros proponemos, en otras se puede tratar la traducción audiovisual, la traducción literaria para editoriales, la interpretación de conferencias, etc. Para ello, es imprescindible una estrecha colaboración del profesorado.

No podemos olvidar que, pese a que nuestra propuesta didáctica se centra en el nivel microestructural o del aula, esta propuesta no tendría sentido si no se concibe en el marco de un modelo de diseño y desarrollo curricular, tal y como el que se expone en la siguiente imagen:

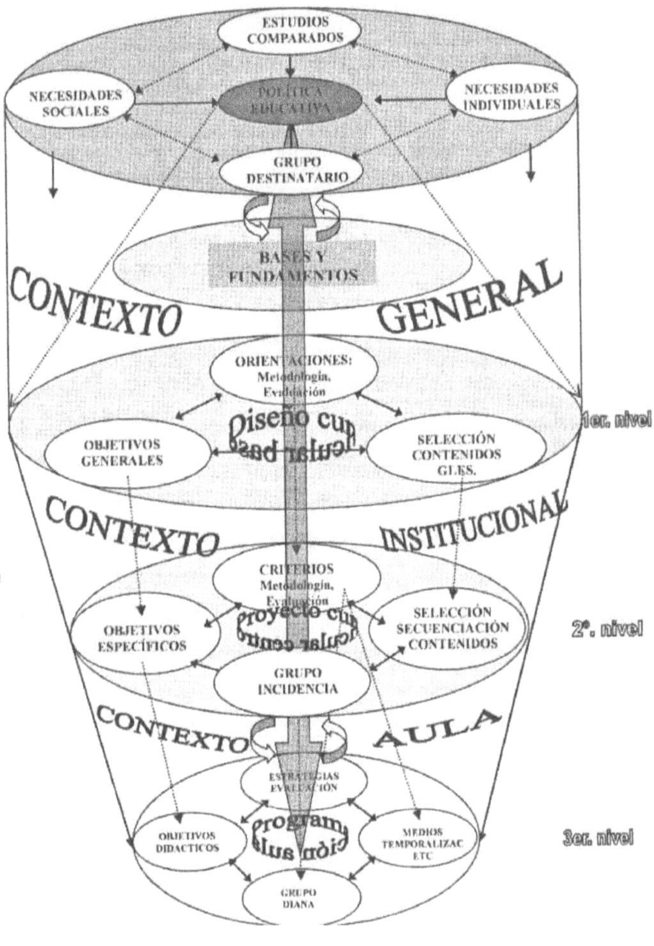

Figura 11. Modelo de diseño y desarrollo del currículum (Tejada Fernández, 2005: 163)

Los distintos niveles de diseño y desarrollo curricular descritos arriba no pretenden establecer tres tipos de currículum diferentes, sino más bien poner de relieve que toda etapa educativa parte de una base constituida por un solo currículum, delimitado en un primer nivel de manera teórica y cuya definición irá tomando forma en los niveles posteriores con el fin de aunar didáctica y currículum. Se establece, por tanto, una relación de interdependencia, ya que la teoría curricular no puede dejar al margen los procesos de desarrollo del currículum, ni la práctica didáctica debe ser indiferente a los cimientos sobre los que se construye el diseño de dicho currículum.

El segundo principio educativo al que nos remite el enfoque contextualizador que aquí proponemos es la concepción constructivista de competencia traductora. Desde esta perspectiva no solo interesan las capacidades observables del sujeto, sino también sus habilidades personales y los condicionantes contextuales que repercuten en la definición de la competencia. Estos últimos permitirán activar una serie de destrezas adquiridas previamente con el fin de aplicarlas a distintas situaciones, al mismo tiempo que se desarrollan otras nuevas aplicables a contextos a los que el sujeto no se ha enfrentado previamente. De esta forma, las competencias dejan de entenderse como una enumeración mecánica y limitada de capacitaciones y pasan a ser esquemas de actuación flexibles que se ponen en práctica en determinadas situaciones. Desde este enfoque se explica, por tanto, la adaptación del sujeto al mayor número de escenarios posibles y las competencias adquieren naturaleza racional y emocional.

Este enfoque constructivista puede entrar en conflicto con definiciones multicomponenciales de la competencia traductora, siempre que estas se entiendan como extensas enumeraciones *ad hoc* de competencias observables y reproducibles. En este sentido, estamos de acuerdo con Kiraly (2013: 212) cuando afirma que no existe consenso sobre cuáles son realmente las distintas subcompetencias que componen la macrocompetencia traductora. No obstante, es posible afirmar que existe cierto acuerdo en torno a cuáles son sus componentes básicos, y el instrumental-profesional es uno de ellos, independientemente de cómo lo denominen los distintos investigadores o cuáles sean sus componentes.

Una vez definido el concepto de traducción y de competencia traductora, en este apartado estamos obligados a repasar las distintas tendencias pedagógicas o modelos didácticos que se han desarrollado en la enseñanza de la traducción. Pretendemos ofrecer un marco de referencia que permita ponernos en antecedentes y que dé cuenta del panorama actual de la enseñanza en este campo. Para realizar dicha recapitulación nos basamos principalmente en las aportaciones de Hurtado Albir (1999, 2008) y Kelly (2005), dos destacadas investigadoras en el ámbito de la didáctica de la traducción en España, y por supuesto en las obras de cada uno de los autores citados, representantes de los diversos modelos.

1.1.3.1. Didáctica tradicional de la traducción y evolución a métodos más actuales

Entre los años cincuenta y setenta del siglo pasado se produjo la explosión teórica de la traductología moderna. Así, nuestra disciplina cobró mayor peso dentro de la ciencia lingüística, ya que hasta ese momento la traducción se consideraba sobre todo una materia más dentro de la enseñanza de segundas lenguas, y la competencia traductora quedaba reducida a la competencia lingüística y comunicativa. El método utilizado en didáctica de lenguas desde que se empezaron a impartir el griego y latín clásicos en las escuelas fue durante muchos años el de *gramática-traducción*, que basaba la enseñanza de una segunda lengua en el análisis detallado de la gramática para su aplicación posterior a la traducción, directa e inversa, de oraciones y textos. Así pues, las actividades del aula quedaban reducidas al aprendizaje de reglas gramaticales, de listas de vocabulario y la consiguiente realización de ejercicios de traducción mediante análisis gramaticales previos de la oración origen. Según este método, la traducción consistía en la equivalencia de reglas gramaticales y de vocabulario entre dos lenguas, de forma que se convertía en un mecanismo o un medio de acceso a la lengua extranjera (traducción pedagógica) y no en la finalidad en sí. En consecuencia, no importaba tanto el producto traducido sino la adquisición de la lengua.

Este método encuentra su explicación en el contexto espacio-temporal en el que empezó a desarrollarse. En el siglo XVI, el latín dejaba de ser la *lingua franca* hablada y había quedado reducido a los textos escritos, hecho que facilitaba la implantación del método gramática-traducción. Igualmente el aprendizaje de lenguas clásicas se encontraba al alcance solo de unos pocos, aquellos que se dedicaban al cultivo de las facultades intelectuales. Hoy en día apenas se utiliza este método, pero se sigue observando una clara influencia en la concepción de la traducción, principalmente por parte de legos en la materia.

Tomando como referencia la visión literalista, los primeros manuales de traducción no son más que meras recopilaciones de textos que no se ajustan a unos criterios de selección o que recogen traducciones anotadas y comentadas principalmente con respecto al léxico o la gramática y que potencian a menudo el calco. El problema de traducción queda reducido a dificultades léxicas que, en ocasiones, se resuelven con listas de vocabulario que no fomentan el descubrimiento contextual.

Tal y como indica Hurtado Albir (1999: 17-18), este enfoque presenta una serie de inconvenientes:

- Concepción literalista de la traducción: la traducción se convierte en una simple transcodificación de lenguas, se prescinde de cualquier planteamiento situacional o nocio-funcional y se defiende la simetría entre lenguas.
- Falta de definición metodológica y de objetivos pedagógicos: se olvida el aspecto metodológico didáctico en favor de las cuestiones de tipo lingüístico que adquieren gran importancia en este enfoque. El método traductor queda reducido a una simple transcodificación y su resultado, sin prestar atención al proceso. Igualmente no se establecen criterios de selección de textos, predomina el uso de textos literarios de alto nivel estilístico, no se determina una progresión ni se diferencia entre traducción directa e inversa. Mediante la pedagogía «leer-traducir», se comentan en clase las traducciones realizadas, aunque prevalece la traducción que proporciona el profesor.
- Polarización de los resultados: esta metodología, centrada en el comentario de dificultades lingüísticas y en la presentación de soluciones por parte del profesor o del alumno más avezado, no permite al estudiante ser consciente de sus propias carencias, ni recurre a una pedagogía del error que le permita descubrir las causas de sus fallos.

La lingüística comparada tradicional, las estilísticas comparadas, las comparaciones gramaticales entre lenguas —herederas de los estudios diacrónicos— y los enfoques semánticos y semióticos empezaron a formar parte de la investigación en traducción, acercándose más a la descripción y comparación de lenguas que a la propia traducción.

En las últimas décadas se ha ido produciendo un cambio significativo en la orientación de estas corrientes. Desde la didáctica de lenguas se ha defendido el uso de un método más directo (*cfr.* Lavault, 1984; Duff, 1989; Grellet,

1991; Montaner Gutiérrez, 1996, entre algunos de los principales representantes), que facilite la enseñanza comunicativa de lenguas y una concepción interpretativa de la traducción. Asimismo, se ha estudiado la enseñanza de segundas lenguas para traductores en función de sus necesidades específicas, estudios que se encuentran a caballo entre la enseñanza de lenguas para fines específicos y los estudios aplicados en traductología (*cfr.* Hurtado Albir, 2008: 156).

La importancia que adquirió la lingüística se refleja en la repercusión que tuvieron los estudios contrastivos de lenguas, más concretamente las estilísticas comparadas, en la traducción y su enseñanza. Dichas estilísticas suponen la aplicación de los trabajos realizados en estilística interna por parte de autores como Bally (1921) o Spitzer (1948) y la aparición de una serie de leyes o categorías denominadas procedimientos de traducción que en la práctica permitirían la correcta transposición de todas y cada una de las unidades de traducción. Así, Vinay y Darbelnet distinguen siete procedimientos de traducción principales: préstamo, calco, traducción literal, modulación, adaptación, transposición y equivalencia (*cfr.* Vinay y Darbelnet, 1995: 30 ss.). De esta forma, se establece un marco de comparación entre las dos lenguas implicadas. Algunos de los autores partidarios de este método son los ya citados Vinay y Darbelnet, autores de la conocida *Stylistique comparée du français et de l'anglais* (1958), Vázquez Ayora (1977), Scavée e Intravaia (1979), Legoux y Valentine (1979), Guillemin-Flescher (1981), Garnier (1985), Newmark (1988), Chuquet y Paillard (1989), entre otros.

Sin embargo, este enfoque manifiesta una serie de insuficiencias teórico-pedagógicas que se traducen en carencias en la didáctica de la traducción. En primer lugar, su continuo interés por el producto repercute negativamente en la necesidad de que el alumno conozca el proceso de traducción. Los procedimientos ofrecen el resultado final, pero no indican cómo conseguir dicho resultado, al mismo tiempo que no pueden incluir la diversidad de problemas de traducción ni la forma de resolverlos. Igualmente realizan comparaciones descontextualizadas de unidades aisladas presuponiendo la equivalencia única entre lenguas. En el plano pedagógico se pone de relieve la falta de una metodología completa que defina cada uno de los elementos de un enfoque didáctico: objetivos, medios, evaluación, etc. A pesar de todo, hay que remarcar que los procedimientos de traducción definidos por las estilísticas han proporcionado un metalenguaje útil a la traducción.

Los estudios comparados entre lenguas se abren actualmente un nuevo camino con los análisis contrastivos a nivel textual que se están realizando desde la textología comparada. Se dejan atrás las comparaciones en el plano lingüístico y surge el interés por las consideraciones contrastivas desde la perspectiva de los mecanismos de funcionamiento de los textos. Cuestiones como la coherencia, la cohesión o las tipologías textuales están mucho más cerca de la realidad del traductor. Sin embargo, estas investigaciones se destinan principalmente al estudio lingüístico y no a su aplicación en la enseñanza, de ahí las lagunas metodológicas didácticas y la polarización de los resultados por la falta de atención al proceso traductor. Algunas de las obras más representativas de esta tendencia de investigación son las de Hartmann (1980), Baker (1992) y Tricás Preckler (1995). Un estudio reciente y muy interesante en este campo, aplicado además a la traducción jurídica, es el de Holl (2011).

Tanto en la enseñanza de segundas lenguas como en las estilísticas comparadas aplicadas a la enseñanza de la traducción se observa una clara desatención de los aspectos metodológicos didácticos, es decir, de cuestiones de diseño y procedimiento. La mayoría de las propuestas se centran en aspectos lingüísticos, en detrimento del plano pedagógico. La siguiente cita de House refleja claramente algunas de las carencias de una clase de traducción basada en estos modelos:

> The teacher of the course, a native speaker of the target language, passes out a text (the reason for the selection of this text is usually not explained, because it is often a literary essay that the teacher has just "found" by accident). This text is full of traps, which means that the teachers do not set out to train students in the complex and difficult art of translation, but to ensnare them and lead them into error. The text is then prepared, either orally or in written form, for the following sessions and then the whole group goes through the text sentence by sentence, with each sentence being read by different student. The instructor asks for alternative translation solutions, corrects the suggested versions and finally presents the sentence in its final, "correct" form... This procedure is naturally very frustrating for the students... (1980: 7-8, cit. en Kiraly, 1995: 7)

De esta cita se extrae una evidente falta de definición de objetivos, progresión, materiales, método, etc. La clase se reduce al comentario de algunas dificultades lingüísticas y a la consecución de una «traducción ideal». Predomina la idea de que a traducir se aprende traduciendo y se alimenta la frustración del estudiante, quien no es capaz de solucionar los errores que ha cometido. Del mismo modo, se observa el papel preponderante del profesor en el aula e impera el enfoque transmisionista que coloca al discente en un segundo plano. González Davies (2004: 14) precisa que este enfoque transmisionista es básicamente «the traditional product-oriented and teacher-centred learning context where model translations are singled out to be received by unquestioning students who are instructed to "read and translate"».

En definitiva, las tendencias de la didáctica tradicional de la traducción imponen un modelo de enseñanza basado principalmente en cuestiones de tipo lingüístico, que van en detrimento de la formación en el resto de subcompetencias traductoras y que promueven un papel preeminente del docente en el aula. La relevancia que adquiere esta figura como transmisor de conocimientos dificulta el descubrimiento y la consiguiente interiorización de la materia por parte del alumnado como actualmente se concibe desde la didáctica.

1.1.3.2. Enseñanza de la traducción mediante teorías traductológicas

Modelos como el que acabamos de describir, que limitaban la traducción a la enseñanza de lenguas, provocaron que la enseñanza de nuestra disciplina se caracterizara en sus inicios por la falta de principios pedagógicos. A partir de la década de los setenta se superaron los límites impuestos por las corrientes lingüísticas en traducción y nuevas disciplinas (psicología, didáctica, informática, filosofía, entre otras) empezaron a contribuir al entramado teórico de la traductología. En este contexto, se intentó hacer frente a esa insuficiencia de principios pedagógicos mediante la aplicación directa de los estudios realizados en traductología a la enseñanza de la traducción. Así pues, con esta nueva tendencia las teorías traductológicas se plantean como un medio de aprendizaje de la práctica, aunque pronto se pone de manifiesto que se trata más bien de libros sobre aspectos teóricos de la traducción que sobre su enseñanza.

Königs (1987, cit. en Kiraly, 1995: 6) identificó tres corrientes principales en lo que concierne a la aplicación de las teorías traductológicas a la enseñanza de la traducción:

a. Uso de una teoría de la traducción como método de enseñanza.
b. Simplificación de una teoría traductológica como base de un enfoque didáctico.
c. Uso de una teoría traductológica mediante un filtro pedagógico.

Al margen de estos tres grupos, hay que advertir que la atomización teórica experimentada por la traductología en las últimas décadas ha supuesto la aparición de numerosas corrientes que intentan ofrecer, cada una desde su punto de vista, un marco explicativo de la traducción. Sin embargo, no todas esas teorías se prestan a la aplicación en la enseñanza y solo algunas muestran cierto empeño en desarrollar las implicaciones didácticas de su teoría.

De la clasificación establecida por Königs, obviamente el primer punto incluye aquellas contribuciones que más se centran en los aspectos metodológicos traductológicos; desde los puntos dos y tres se presta mayor atención que en el punto anterior a las cuestiones metodológicas didácticas. No obstante, todos ellos tienen como objetivo ofrecer al discente un marco teórico traductológico a partir de la explicación de ciertos modelos y conceptos propios de la disciplina. Así, se tratan cuestiones como el proceso traductor, la unidad de traducción, las estrategias, la fidelidad, la equivalencia, entre otras muchas. Algunas obras clásicas como, por ejemplo, las de Nida y Taber (1969), Hönig y Kussmaul (1982) y Newmark (1988/1991), se encuadrarían dentro de este grupo.

Muchos de los manuales que se incluirían en estas categorías contienen una introducción teórico-metodológica que viene acompañada de un conjunto de textos para traducir con sus correspondientes comentarios y anotaciones, por lo que se vuelve a hacer evidente la falta de definición de cuestiones metodológicas didácticas. Por ejemplo, en *A Textbook of Translation* (1988), Newmark se encarga en la primera parte del manual de presentar una serie de cuestiones teóricas como el análisis del texto, el proceso traductor, las funciones del lenguaje y los métodos de traducción. En la segunda parte, en cambio, presenta un total de ocho textos, algunos con traducciones propias y otros para que sean traducidos por el alumno. Incluye una serie de notas y cuestiones problemáticas que se pretenden resolver con la teoría explicada en la primera parte. Constituye, por tanto, un claro ejemplo de manual que parte de un enfoque metodológico traductológico.

Los principales problemas que estos modelos presentan son diversos:

- En muchas ocasiones se trata de manuales sobre teoría de la traducción y no sobre su enseñanza, de forma que se le otorga gran importancia a los conocimientos teóricos para aprender a traducir. Estas propuestas resultan insuficientes para abarcar la complejidad de mecanismos que constituyen el proceso de aprendizaje de la traducción.
- Se hace depender el desarrollo práctico o aplicado de un constructo teórico. Se supedita el conocimiento operativo al conocimiento declarativo a pesar de que, como indica Hurtado Albir (1999: 20), el saber teórico sobre la traducción y el saber traducir son dos conocimientos diferentes. En consecuencia, se confunden los problemas teóricos de la traducción y de aprendizaje de la traducción.
- Se vuelve a producir una falta de definición del enfoque metodológico didáctico: no se definen los objetivos de aprendizaje, los criterios de selección de textos, las actividades, la evaluación, etc., ya que todo esto viene determinado por los aspectos teóricos que se estén aplicando. Así pues, el estudiante no llega a adquirir un método de trabajo con el que poder hacer frente a los problemas de traducción.

A pesar de las insuficiencias que estos enfoques plantean, desde nuestro punto de vista, la teoría de la traducción debe constituir uno de los pilares de la formación de traductores. Teoría y práctica, o lo que es lo mismo, conocimientos declarativos y conocimientos operativos, no son excluyentes, sino complementarios entre sí. Llegados a este punto entramos en el eterno debate entre teoría y práctica. Muchos profesionales del campo rehúsan la inclusión de cuestiones teóricas en el currículum, con el simple pretexto de que no las necesitan para desempeñar su labor profesional. Sin embargo, como indica Gile (1995: 17), entre los aspectos positivos de la aplicación de las teorías traductológicas a la enseñanza de la traducción se encuentran los siguientes:

- Comprensión de distintos fenómenos traductológicos
- Comprensión de las dificultades de traducción
- Comprensión de las estrategias de traducción

Este mismo autor establece una serie de reglas para la aplicación a la didáctica de la traducción de las teorías traductológicas:

a. Los componentes deben ser relevantes para las necesidades de los estudiantes.
b. Se deben entender fácilmente.
c. Se deben enseñar una vez que el estudiante se ha iniciado en el ejercicio de la traducción.
d. Se deben aplicar continuamente durante toda la formación (Gile, 1995: 17-18).

Es posible, por tanto, la aplicación a la práctica de las distintas teorías traductológicas, pero para que dicha aplicación sea efectiva, es necesario que el estudiante comprenda el porqué. Esto no significa que todas las decisiones que toma un traductor durante su ejercicio profesional o las tareas que realiza encuentren explicación desde algunas de las teorías traductológicas.

En conclusión, al igual que ocurría en las corrientes de enseñanza tradicional de la traducción en las que primaba la subcompetencia comunicativa o lingüística, desde los modelos teóricos se pone el acento en la formación traductológica más abstracta, en detrimento de los conocimientos operativos. Se infravaloran los aspectos pedagógicos y la metodología queda reducida a la simple aplicación de cuestiones teóricas a la traducción de textos que han sido elegidos sin cumplir unos criterios de selección. Por tanto, a pesar de la importancia que los contenidos teóricos desempeñan en estos estudios, se debe promover cierto equilibrio entre teoría y práctica.

1.1.3.3. Enseñanza de la traducción por objetivos de aprendizaje

La idea de adquisición de la competencia traductora a través de una metodología basada en objetivos de aprendizaje se remonta a los trabajos de Delisle (1980, 1993 y 1998). Su obra *L'analyse du discours comme méthode de traduction* (1980) constituye el punto de partida de las propuestas por objetivos de aprendizaje en didáctica de la traducción.

Delisle, ante la falta de una sistematización de la enseñanza de la traducción (hecho que ya se ha puesto de manifiesto en los enfoques anteriores) y su interés por presentar una pedagogía que permitiera al estudiante partir de una serie de principios que le guíen a lo largo del proceso traductor, propuso un curso de iniciación a la traducción general. Dicho curso se basaba en un conjunto de objetivos de aprendizaje establecidos previamente y en una serie de ejercicios orientados a desarrollar cada uno de los objetivos. Aunque muchas de las actividades que proponía adquirían un tinte lingüístico-contrastivo, sus trabajos siguen siendo hoy día una fuente de referencia para las investigaciones actuales en nuevas metodologías.

Hurtado Albir hace referencia a Delisle para señalar que los objetivos de aprendizaje son la «descripción de la intención que persigue una actividad pedagógica y que precisa los cambios a largo plazo que deberá efectuar el estudiante». Delisle distingue entre objetivos generales y objetivos específicos. Los primeros son un «breve enunciado de intenciones, formulado en términos más o menos precisos, que indica los resultados a que debe conducir un proceso de aprendizaje en el marco de un programa de estudios o de un curso» (Delisle, 1993, cit. en Hurtado Albir, 1999: 45). El autor establece ocho objetivos generales para su curso de iniciación:

- metalenguaje de la iniciación a la traducción;
- documentación de base del traductor;
- método de trabajo;
- proceso cognitivo de la traducción;
- convenciones de la escritura;
- dificultades léxicas;
- dificultades sintácticas;
- dificultades de redacción.

Por su parte, los objetivos específicos se definen como un «enunciado formulado en términos de comportamientos observables, que describe, del modo más preciso posible, los resultados a los que debe conducir una o varias actividades pedagógicas en el marco de un programa de estudios de un curso» (Delisle, 1993, cit. en Hurtado Albir, 1999: 46). Un total de 56 objetivos específicos se encargan de puntualizar cada uno de los ocho objetivos generales anteriores.

Delisle, desde el marco teórico del análisis del discurso, critica que se considere la competencia lingüística como la única necesaria para traducir y distingue cuatro competencias básicas: la lingüística, la enciclopédica, la de comprensión y la de reexpresión (1980: 235).

Este enfoque, aunque con matizaciones, ha ejercido una gran influencia en otras propuestas que se expondrán más adelante. Sin embargo, su gran contribución es el relevante papel que adquieren los objetivos, cuya formulación, según el autor, ofrece las siguientes ventajas:

- It facilitates communication between teachers and students
- It facilitates the choice of teaching tools
- It suggests different learning activities
- It provides a basis from which to assess learning. (Delisle, 1998: 21-22)

Además de la importancia que adquieren los objetivos, Delisle señala que en todo enfoque metodológico se deben delimitar los contenidos, la metodología para alcanzar los objetivos, la progresión y los sistemas de evaluación. Defiende la elaboración de programaciones detalladas y, más recientemente, la aplicación de la taxonomía de Bloom a la descripción de los objetivos de aprendizaje. Otro mérito de este autor es su propuesta de cambiar de una pedagogía polarizada en los resultados a una pedagogía centrada en el proceso traductor.

En conclusión, se observa una clara evolución con respecto a los enfoques precedentes. En este caso, se presta mayor atención a los aspectos metodológicos didácticos, sin perder de vista los principios de las teorías del análisis del discurso, y se parte de la definición de un conjunto de competencias traductoras que se encargan de definir los objetivos finales. De esta forma se deja atrás la metodología del «lea y traduzca» y la mera aplicación teórico-traductológica a la didáctica de esta disciplina.

1.1.3.4. Enfoques centrados en el proceso de traducción: cognitivismo y psicolingüística

En traductología el análisis del proceso traductor no siempre ha sido sinónimo de estudio de los procesos cognitivos. Muchas investigaciones se encargan de definir el proceso de traducción como un proceso de comunicación entre dos lenguas, aplicando paradigmas disciplinares procedentes principalmente de la lingüística. A este respecto, encontramos, por ejemplo, la propuesta de Gile (1995).

Sin embargo, las ciencias cognitivas también han ejercido una gran influencia en la investigación sobre el proceso traductor. En psicología, las teorías cognitivistas se han encargado de estudiar los procesos mentales con el fin de explicar las diferentes formas de pensamiento y aprendizaje del ser humano. En general, la mayoría de estas teorías explican el aprendizaje en términos de cambios en los procesos cognitivos.

Desde la traductología, a pesar del interés inicial por el producto de la traducción y sus aspectos comunicativos, han prosperado en las últimas décadas las investigaciones sobre los procesos cognitivos del traductor. Desde este enfoque, se considera que para la didáctica de la traducción se debe tomar como punto de partida un conocimiento amplio de las características del proceso traductor. Sin embargo, uno de los principales obstáculos con los que se topa esta investigación es la dificultad para acceder a la denominada *caja negra* del traductor.

Aun así, Hurtado Albir, una de las principales investigadoras junto a su grupo de investigación, PACTE, en lo que al proceso de adquisición de la competencia traductora se refiere, enumera una serie de características esenciales del proceso traductor (*cfr.* Hurtado Albir, 2008: 367 ss.):

1. Existencia de procesos básicos: entre los numerosos estudios realizados sobre el proceso traductor, los diferentes modelos que lo dividen en fases coinciden en su mayoría en incluir una fase de comprensión y una de reexpresión (la denominación varía en función del autor). Además de estas dos fases, en ocasiones se habla de una fase intermedia que ha recibido distintos nombres: de transferencia (Nida, 1975; Nida y Taber, 1969); de desverbalización (Seleskovitch y Lederer, 1984); de representación semántica (Bell, 1991); de reformulación (Delisle, 1980), etc.
2. Importancia de la memoria y los conocimientos almacenados en ella: la memoria a corto y a largo plazo permite almacenar los conocimientos lingüísticos y extralingüísticos que se producen como consecuencia del proceso traductor.
3. Carácter interactivo y no lineal: las fases del proceso traductor no se suceden de forma lineal, sino que se producen continuos vaivenes entre unas y otras, lo que permite la interrelación de las distintas fases.
4. Existencia de procesos controlados y no controlados: en algunos estudios como los TAP (*Think-Aloud Protocols*) y las investigaciones realizadas por la ESIT (*École Supérieure d'Interprètes et de Traducteurs*), Gile (1995) y Kiraly (1995), entre los más significativos, se pone de manifiesto la existencia de procesos intuitivos que no pueden ser directamente controlados por el sujeto traductor, hecho que dificulta la investigación.
5. Reconocimiento y solución de problemas, de toma de decisiones y de utilización de estrategias: el proceso traductor se considera una tarea de toma de decisiones para solucionar problemas mediante la utilización de una serie de estrategias. Sin embargo, todas estas operaciones no han sido todavía lo suficientemente estudiadas empíricamente.
6. Características específicas en cada modalidad y tipo de traducción, y según el método elegido: las características más específicas del proceso traductor se ven claramente condicionadas por la modalidad y tipo de traducción. En consecuencia, la definición de competencia traductora también queda modificada en función de estos aspectos.

Ante la complejidad del proceso traductor y la imposibilidad de observarlo directamente, así como los numerosos factores que dificultan su descripción, se promueve una pedagogía de la traducción con base empírica. Muchas de las investigaciones de corte experimental que se están llevando o se han llevado a cabo tienen como objetivo identificar los procesos mentales del traductor. Entre los métodos experimentales más usados en el enfoque cognitivista destacan los protocolos de pensamiento en voz alta o TAP que se usan en traductología desde principios de los años 80. Estos protocolos ofrecen una metodología introspectiva de recogida de datos que supone la verbalización de los procesos mentales por parte del sujeto estudiado y la consiguiente recogida de esos datos en protocolos. Con ello se pretende avanzar en el conocimiento de los mecanismos psicolingüísticos implicados en el proceso traductor. No obstante, entre las principales críticas que recibe este método se encuentra el hecho de que el sujeto se siente observado o que no es capaz de verbalizar todos los procesos mentales, ya que algunos se producen inconscientemente. A pesar de estos inconvenientes, son muchos los estudios realizados con este método y entre los pioneros cabe citar los trabajos de Sandrock (1982), Krings (1986), Königs (1987) o Jääskeläinen (1987). Como estudios más recientes podemos citar a Bernardini (1999 y 2002), Jakobsen (2003), Krahmer y Ummelen (2004), Li (2004), Dimitrova (2005), Künzli (2007), Eftekhary (2012), Zhou (2012), entre otros. Algunos autores, como Gile (1995), prefirieron usar informes de problemas por escrito que los estudiantes tenían que entregar con sus traducciones, de forma que se les obligaba a reflexionar sobre la actividad y se facilitaba la identificación de problemas por parte del docente. Otras técnicas de recogida de datos en la investigación empírico-experimental en traducción son los cuestionarios, las entrevistas, los diarios, la observación directa o por ordenador, las medidas psicofisiológicas o algunas más complejas y recientes como el *eye-tracking* (véase, por ejemplo, Alves *et al.* [2009, 2011], Chang [2009] y O'Brien [2006, 2009], Hvelplund [2011], Sjørup [2013]), el *keystroke logging* (por ejemplo, Alves y Magalhaes [2004], Carl [2009], Jakobsen [2011]) o el *screen recording* (por ejemplo, Angelone [2012], Enríquez Raído [2013], Shreve *et al.* [2014]). Como vemos, cada vez son más las nuevas técnicas utilizadas en este campo, lo que promueve una perspectiva multimetodológica (*cfr.* Hurtado Albir, 2008: 364).

Las investigaciones realizadas sobre el proceso traductor no siguen una misma línea, sino que se evidencian distintas tendencias. Hurtado Albir (2008: 314 ss.) distingue las siguientes:

- teoría interpretativa o del sentido de la ESIT (Seleskovitch, 1968, 1975; Lederer, 1981, 1994; Seleskovitch y Lederer, 1984; Delisle, 1980);
- propuesta de Bell (1991) que parte de la psicolingüística y de los estudios sobre inteligencia artificial;

- Gutt (1991) y su extrapolación de la teoría de la pertinencia de Sperber y Wilson al estudio sobre los procesos mentales del traductor;
- Kiraly (1995) y su modelo psicolingüístico basado en el modelo de Boekaert;
- Gile (1995) y su modelo de esfuerzos aplicado a la interpretación;
- Wilss (1996) y su análisis de la traducción desde las investigaciones realizadas por la psicología cognitiva.

Y son muchos más los autores que han puesto interés en el estudio del proceso traductor: Hönig y Kussmaul (1982), Krings (1986), Séguinot (1989), Tirkkonen-Condit (1989), Jääskeläinen (1987), Danks y Griffin (1997), Dirven y Verspoor (1998), Lee-Jahnke (2005).

Entre las peculiaridades de algunas de estas contribuciones, hay que citar, por ejemplo, que no todas se centran únicamente en los aspectos cognitivos. Así, Kussmaul (1995), además de partir de la psicolingüística, muestra una gran influencia de la lingüística del texto y da cabida a cuestiones pragmáticas. Y Kiraly (1995) hace especial hincapié en la vertiente social, tomando como referencia el modelo lingüístico de Firth. Otros de los muchos aspectos positivos de las investigaciones cognitivistas en traducción los recoge Gile en los siguientes puntos:

- Progress is faster than with a product orientation, which is based on trial and error.
- Attention is focused clearly on one aspect of the process at a time, avoiding dispersion, whereas product orientation implies dealing with all the problems which arise at the same time.
- Greater emphasis is laid on translation strategies, allowing students better to assimilate how to work, rather than whether or not their efforts have borne fruit.
- Greater flexibility is possible in areas such as linguistic acceptability or fidelity, which is particularly useful in the early stages of training, when comparing students' results with the teacher of with "ideal" versions can prove demotivating or even conflictive. (Gile, 1995, cit. en Kelly, 2005: 14)

Igualmente, el interés que se muestra por el proceso traductor conlleva que se traslade el foco de atención al proceso de enseñanza-aprendizaje. El docente deja de ser el centro de atención en el aula y se empieza a poner de relieve la importancia del alumno y su proceso de aprendizaje. Esto traerá consigo profundos cambios que se reflejarán en tendencias posteriores.

En definitiva, desde esta corriente se pone el acento en la necesidad de conocer los procesos mentales del profesional para su aplicación práctica en la didáctica de la traducción. Se promueve la investigación empírica como método de validación de dichos procesos y al mismo tiempo, como metodología didáctica, la atención se traslada al alumnado, por lo que se dejan atrás los enfoques meramente transmisionistas en los que el profesor era el «sujeto poseedor de conocimientos».

1.1.3.5. Enfoque funcionalista en la enseñanza de la traducción: la propuesta de Christiane Nord

El enfoque funcionalista en traductología, representado especialmente por autores como Reiss, Vermeer, Holz-Mänttäri y Nord, ha mostrado siempre una clara orientación pedagógica. Sus propuestas giran en torno al concepto de *función comunicativa* de la traducción y una de sus principales aportaciones a la traductología ha sido la teoría del *skopos,* según la cual la función de la traducción determina el acto traductor y, en consecuencia, el método traslativo. De esta forma, se empieza a poner en entredicho la noción clásica de equivalencia que tan vigente se encontraba en las tendencias anteriores de la enseñanza de la traducción.

La *Skopostheorie* parte de la teoría de la acción que se remonta a los estudios de Von Wright (1968) y Rehbein (1977). Se considera la traducción como una acción traslativa con una finalidad propia que pretende garantizar la comunicación, en este caso, intercultural. Así pues, el *skopos* se convierte en sinónimo de finalidad de dicha interacción comunicativa intercultural y es el principal factor condicionante del proceso traductor. De este modo, se antepone la función pragmática del texto meta a la equivalencia lingüística, lo que lleva a hablar incluso de destronamiento del texto original.

Sin embargo, ante esta fórmula, que se podría resumir con el principio maquiavelista «el fin justifica los medios» y que excusaría cualquier objetivo de una traducción mediante una aplicación radical de la teoría funcionalista, Nord propone su concepto de *lealtad,* según el cual los posibles objetivos de una traducción se ven limitados por el compromiso que adquiere el traductor con respecto al resto de participantes del acto traductor. Como se puede observar, con el enfoque funcionalista se deja de considerar la traducción en abstracto y se empieza a prestar mayor atención a la situación comunicativa.

Las aplicaciones pedagógicas del funcionalismo vienen principalmente de la mano de Nord. La autora presenta un modelo didáctico basado en el análisis textual, las funciones del texto, una tipología funcional de las traducciones y una serie de normas y convenciones. Para el análisis del texto la autora toma como referencia las aportaciones de la nueva retórica y presenta una serie de cuestiones a las que se debe responder con dicho análisis. Estas cuestiones son las siguientes:

> Who
>   is to transmit
> to whom
> what for
> by what medium
> where
> when
> why
>   a text
> with what function?
> On what subject matter
>   is he to say
> what
> (what not)
> in which order
> using which non-verbal elements
> in which words
> in what kind of sentences
> in which tone
> to what effect? (Nord, 1991: 144)

El objetivo prioritario de estas preguntas es analizar el texto origen y poner de relieve las diferencias entre este y el texto meta para crear un texto final funcional en la cultura de destino. Llegados a este punto hay que citar la importancia que adquieren las funciones textuales comunicativas en dicho análisis. Nord, partiendo del modelo de Bühler y Jakobson, presenta un modelo cuatrifuncional constituido por las siguientes funciones con sus correspondientes subfunciones: referencial, expresiva, apelativa y fática. La función o jerarquía de funciones del texto de destino no tiene por qué coincidir con las del texto origen. Este análisis contribuirá a identificar cuáles son las funciones del texto base y cuáles son las que debe cumplir el texto meta en la cultura de llegada. A este respecto, Nord establece una tipología funcional de traducciones según la relación entre el texto meta y los destinatarios o entre el texto meta y el original.

Además de estas aportaciones, los enfoques funcionalistas han contribuido poderosamente a la incorporación de aspectos profesionales de la traducción a la enseñanza de esta disciplina. El concepto de *skopos* favorece la integración de los encargos de traducción como herramienta metodológica en el proceso de enseñanza-aprendizaje de la traducción, ya que la finalidad de la traducción entendida como producto se especifica mediante dicho encargo que define de forma más o menos explícita la situación comunicativa del texto meta. De esta forma, acercamos al alumnado a la realidad del mercado laboral, pues el método traductor se puede ver claramente influido por el encargo del cliente. Esta metodología didáctica fundada en encargos de traducción será la base de tendencias pedagógicas posteriores, con la diferencia de que en la propuesta funcionalista se acepta lo que se conoce como «encargos didácticos», aquellos creados o modificados con el fin de tratar ciertos problemas específicos en el aula y promover así la adquisición de determinadas competencias.

Todo encargo debe dejar claro los siguientes elementos: funciones comunicativas del texto meta, receptores, contexto espacio-temporal en el que se inserta la traducción, medio de transmisión y motivo por el que se traduce el texto. El grado de explicitación de estos elementos contribuirá a la dificultad del encargo. En relación con dicha dificultad, Nord distingue entre dificultades de traducción y problemas de traducción. Según la autora, las primeras son subjetivas, propias de un individuo, mientras que las segundas son generales y se solucionan mediante determinados procedimientos traslativos.

Entre los aspectos positivos del modelo didáctico de Nord cabe destacar la definición de unos criterios de selección textual, una sistematización de los problemas y procedimientos de traducción, una progresión del aprendizaje y sus pautas para la evaluación de las traducciones. Con respecto a esta última cuestión, la autora propone el cumplimiento de los objetivos del encargo didáctico como medio de evaluación, es decir, el hecho de que se incumplan determinados aspectos del encargo conlleva una penalización por falta o error. Así pues, con el encargo se definiría si los alumnos han alcanzado los objetivos didácticos previstos para dicha tarea y se establecería una serie de perspectivas, que deben conocer tanto el alumno como el profesor, para determinar el rendimiento final. Por todo ello, resulta decisivo reflexionar sobre el grado de dificultad de la tarea que se quiere proponer así como señalar de antemano qué se considerará error y qué no. En relación con ello, Nord presenta también su propia clasificación de errores (1996: 99-100).

En conclusión, entre las repercusiones pedagógicas de la teoría funcionalista a la enseñanza de la traducción, Nord cita las siguientes:

> - El principio de autenticidad requiere que se escojan para los ejercicios de traducción textos auténticos, reales, que tengan (cierta) relevancia para la práctica profesional.
> - El principio de comunicatividad requiere que los textos se presenten «en su situación comunicativa», es decir, en una forma que esté lo más próxima posible a la situación en que funciona o funcionó originalmente. Si esto no es posible hay que proveer la mayor cantidad de informaciones sobre esta situación comunicativa.
> - El principio de transparencia significa que el profesor debe hacer «transparentes» sus propias expectativas en cuanto a la calidad del texto meta. Tal transparencia se puede efectuar mediante un «encargo de traducción» que especifique (sea explícita o, al menos, implícitamente) las condiciones de «funcionamiento» del texto traducido. (1996: 94)

Con este enfoque se pone de manifiesto que cada vez se presta más atención a los aspectos metodológicos traductológicos y didácticos en su conjunto. Nord no solo contribuye a la aplicación del funcionalismo en la enseñanza de la traducción, sino que trata cuestiones pedagógicas claves que marcarán tendencias posteriores, como por ejemplo, el uso del encargo de traducción en clase para acercar al alumno a la realidad profesional. Posteriormente sigue investigando en cuestiones educativas como el diseño curricular, la selección de materiales, los textos, la progresión, las actividades de clase, la motivación y la importancia del estudiante en el aula.

1.1.3.6. Aprendizaje basado en tareas

En las últimas décadas y dentro del denominado *enfoque comunicativo*[7] en la enseñanza de segundas lenguas, se ha promovido la aplicación del aprendizaje basado en tareas. Con el enfoque comunicativo se deja atrás la importancia de las reglas gramaticales y se pone el acento en el uso del lenguaje, que deja de ser únicamente un producto final. Así, el concepto de tarea se convierte en la base sobre la que se asienta el currículum de lenguas y en un medio de organización didáctica.

Desde la didáctica de segundas lenguas son varios los autores que han aportado su propia definición para el concepto de *tarea:*

> [...] an activity or action which is carried out as the result of processing or understanding language (i.e. as a response). For example, drawing a map listening to a tape, listening to an instruction and performing a command, may be referred to as tasks. Tasks may or may not involve the production of language. A task usually requires the teacher to specify what will be regarded as successful completion of the task. The use of a variety of different kinds of tasks in language teaching is said to make language teaching more communicative... since it provides a purpose for a classroom activity which goes beyond the practice of language for its own sake. (Platt, Richards y Weber, 1986: 289)

> [...] any structured language learning endeavour which has a particular objective, appropriate content, a specified working procedure, and a range of outcomes for those who undertake the task. 'Task' is therefore assumed to refer to a range of workplans which have the overall purpose of facilitating language learning – from the simple and brief exercise type, to more complex and lengthy activities such as group problem-solving or simulations and decision making. (Breen, 1987: 23)

> [...] a piece of classroom work which involves learners in comprehending, manipulating, producing or interacting in the target language while their attention is principally focused on meaning rather than form. The task should also have a sense of completeness, being able to stand alone as a communicative act in its own right. (Nunan, 1993: 10)

> Una actividad perteneciente a un conjunto de actividades distinguibles entre sí, secuenciables, capaces de plantear problemas y que involucran a aprendices y

7 A partir de los años setenta se deja atrás el obsoleto enfoque gramática-traducción en la enseñanza de lenguas extranjeras y se empieza a considerar el aprendizaje de lenguas como un proceso donde lo que importa es la adquisición de la competencia comunicativa. Se pretende que el estudiante conozca cómo funciona un determinado sistema lingüístico en la comunicación real y funcional.

> profesores en una labor conjunta de selección, a partir de una gran variedad de procedimientos cognitivos y comunicativos aplicados a un conocimiento, existente o nuevo, y de la exploración y búsqueda colectiva de fines predeterminados o emergentes dentro de un medio social. (Candlin, 1990: 39)

Zanón (1995: 53) propone las siguientes características de tarea:

1. representativa de procesos de comunicación de la vida real;
2. identificable como unidad de actividad en el aula;
3. dirigida intencionalmente hacia el aprendizaje del lenguaje;
4. diseñada con un objetivo, una estructura y una secuencia de trabajo.

Como quinta característica, Zanón distingue dos tipos de tareas: comunicativa y pedagógica posibilitadora.

Estaire (2004) define una serie de características de la tarea partiendo de las definiciones de autores como Nunan, Breen y Long:

> a) que implica a todos los aprendices en la comprensión, o producción, o interacción en L2;
> b) durante la cual la atención de los aprendices está concentrada prioritariamente en el significado más que en la forma, esto es, en qué se expresa más que en las formas lingüísticas utilizadas para expresarlo;
> c) que tiene una estructura con:
>   - un principio, un fin y un procedimiento de trabajo claro (aunque flexible en ciertos casos);
>   - un objetivo concreto (no especificado en términos gramaticales);
>   - un contenido concreto;
>   - un resultado concreto (aunque en ciertos casos, diferente para distintos miembros de la clase);
>
> d) cuyo desarrollo y consecución pueden ser evaluados por el profesor y los aprendices;
> e) que tiene, dentro de lo posible, elementos de similitud con acciones que se realizan en la vida cotidiana. (Estaire, 2004: en línea)

Otros investigadores que han ahondado en el enfoque por tareas dentro del enfoque comunicativo son Candlin y Murphy (1987), Estaire y Zanón (1990), Hutchinson (1991) y Long y Crookes (1992), entre otros.

En el ámbito de la didáctica de la traducción una de las principales representantes del enfoque por tareas es Hurtado Albir, quien cuenta con varias publicaciones que abordan en profundidad este enfoque: *La enseñanza de la traducción* (1996) y *Enseñar a traducir: metodología en la formación de traductores e intérpretes* (1999). Su propuesta es deudora de la teoría interpretativa o del sentido de Seleskovitch y Lederer (1984) y sobre todo del análisis del discurso y la «traduction raisonnée» de Jean Delisle (1980, 1988, 1993, 1998 y 2003).

Tomando como referencia las aportaciones de Delisle, Hurtado Albir presenta en las dos publicaciones mencionadas una propuesta didáctica basada en el establecimiento de objetivos de aprendizaje y una metodología organizada en torno a tareas de traducción y unidades didácticas. El eje vertebrador del proceso de enseñanza-aprendizaje lo constituye la tarea, que Hurtado Albir define como «una unidad de trabajo en el aula, representativa de la práctica traductora, que se dirige intencionalmente al aprendizaje de la traducción y que está diseñada con un objetivo concreto, una estructura y una secuencia de trabajo» (Hurtado Albir, 1999: 56). Este enfoque le permite estructurar la enseñanza de la traducción en unidades didácticas o «conjunto de tareas encaminadas a la consecución de los objetivos elegidos» (Hurtado Albir, 1999: 50). De esta forma, la autora pretende enlazar el proceso y el producto, los objetivos y los contenidos, etc.

> Se propone así un marco flexible de elaboración de la unidad didáctica centrado en el estudiante, que sirve para integrar los objetivos y los demás ejes del proceso educativo (actividades, medios, evaluación, profesor, estudiantes), que permite la negociación y colaboración constante entre el profesor y los estudiantes y que hay que adaptar según los casos (situación educativa, necesidades de los estudiantes, etc.). (Hurtado Albir, 2008: 168)

Como se deduce de la cita, uno de los objetivos principales de esta corriente es permitir la integración de todos los ejes de un modelo didáctico: objetivos, participantes, contenidos, medios y evaluación. Igualmente la formulación explícita de los objetivos supone un nexo de unión entre la tarea y el currículum, ya que los objetivos de este último se concretan en las distintas tareas o unidades didácticas y viceversa.

Al igual que en la enseñanza de segundas lenguas, se distinguen distintos tipos de tarea: tareas pedagógicas, que son aquellas que se realizarán en el aula con el fin de adquirir una serie de competencias específicas y que facilitarán el proceso de adquisición de otras y, en general, el proceso de aprendizaje; tareas del mundo real, que pretenden acercar al estudiante al mundo laboral que les espera fuera del aula y que se definen a partir de un análisis de las necesidades de los estudiantes. Estas dos categorías básicas de tipos de tareas han recibido distintas denominaciones por parte de autores que defienden este enfoque en la enseñanza de segundas lenguas: Nunan (1993: 40), por ejemplo, habla de tareas pedagógicas y tareas de ensayo, y Estaire y Zanón (1990: 63-64) distinguen entre tareas de comunicación o tareas finales y tareas pedagógicas o posibilitadoras. Esta distinción entre pedagogía/mundo real será relevante en enfoques posteriores en los que se critica el uso de tareas pedagógicas.

Así pues, la propuesta de Hurtado Albir viene a llenar un vacío existente entre los distintos enfoques de enseñanza de la traducción. Aborda la enseñanza de lenguas para traductores, la iniciación a la traducción, la traducción especializada y la interpretación. Para todo ello presenta una serie de objetivos de aprendizaje (generales, intermedios y específicos) y una metodología basada en unidades didácticas constituidas por diferentes tareas. Igualmente propone una progresión que va desde la fase de iniciación a la de especialización.

Una de las principales críticas que se han realizado a este enfoque es que defiende un carácter transmisionista que mantiene la superioridad del profesor por encima del estudiante. Sin embargo, hay que señalar que desde esta perspectiva, tal y como indica Hurtado Albir, aunque no se abandona por completo la idea del profesor como figura transmisora de conocimientos, sí se promueve claramente una mayor colaboración entre las dos partes implicadas en el proceso de enseñanza-aprendizaje. Otra crítica bastante común es su prescriptivismo didáctico y teórico. Hurtado Albir señala que «esta propuesta, tanto en lo que se refiere a los objetivos como a la metodología, no hay que entenderla de modo prescriptivo, sino como un marco de pautas curriculares y de diseño de unidades didácticas que convendrá modificar en cada caso» (Hurtado Albir, 2008: 168).

Para concluir este bloque, señalamos aquí los aspectos más relevantes del enfoque por tareas, que como se puede deducir de todo lo anterior, pone el acento en los aspectos metodológicos didácticos más relacionados con el diseño y los procedimientos:

- Salva la distancia que se produce en otras propuestas entre objetivos y metodología, proporcionando realmente una metodología activa.

- Arma al estudiante, al introducir tareas posibilitadoras (pedagógicas) que le ayudan a resolver la tarea final (la traducción de determinado género textual, por ejemplo); se consigue así una pedagogía centrada en el recorrido de procesos.
- Encadena constantemente, a través de las tareas, una metodología viva en la que el alumno no sólo aprende *haciendo*, y capta principios, sino que aprende a resolver problemas y adquiere estrategias; la mayoría de tareas posibilitadoras sirven para adquirir estrategias traductoras y estrategias de aprendizaje.
- Se logra realmente una pedagogía centrada en el estudiante, que además, le hace responsable de su propio aprendizaje y, por consiguiente, más autónomo.
- Permite incorporar constantemente tareas de evaluación formativa para el estudiante (que aprende a autoevaluarse y medir sus propias posibilidades) y para el profesor (que puede evaluar su enseñanza). (Hurtado Albir, 1999: 56)

1.1.3.7. Enfoque socioconstructivista

En la actualidad el paradigma socioconstructivista propugnado por Don Kiraly ha cobrado gran importancia en la didáctica de la traducción. No obstante, antes de pasar a explicitar los principios del socioconstructivismo, expondremos muy brevemente los fundamentos teóricos de la corriente pedagógica constructivista.

Realmente no existe una única teoría constructivista ni un fundador de esta corriente. El constructivismo, surgido como alternativa al conductismo *skinneriano,* se caracteriza básicamente por incluir una serie de investigadores y teorías que comparten un conjunto de principios de actuación y que, como indica Coll (2001: 72) —uno de los máximos exponentes de esta corriente—, nos ayudan a «construir, revisar y mejorar nuestras propias prácticas como docentes». Según los principios constructivistas, «although there is indeed a real world, each individual mind is a self-creating and self-regulating system that perpetually reconstructs itself by producing and modifying its own meanings, or models of that real world» (Kiraly, 2000: 16). Así pues, desde esta perspectiva se considera que el aprendizaje es un proceso de construcción individual del conocimiento que se produce por la interacción del individuo con su entorno. De esta forma, no sería posible acceder por completo a la realidad. Se rechaza, por tanto, la perspectiva objetivista, según la cual se puede conocer directa y objetivamente la realidad, y que solía respaldar enfoques transmisionistas basados en la mera transferencia de conocimientos del profesor hacia el alumno.

Citaremos muy brevemente a varios autores representantes de las diversas tendencias existentes dentro del constructivismo:

- Jean Piaget y la teoría de los esquemas (1970): considera el desarrollo de las estructuras mentales como una construcción más que como una reproducción. Este desarrollo es inevitable, está determinado biológicamente y es un proceso individual. A pesar de las implicaciones didácticas de su modelo, Piaget no se interesó por la enseñanza.
- Lev Vygotsky y el socioconstructivismo (1978): también considera el aprendizaje como un proceso de construcción, pero en este caso los cambios cognitivos son el resultado del contexto social. Esta es una de las principales divergencias entre el constructivismo y el socioconstructivismo. A diferencia de Piaget, este autor sí se interesó por las aplicaciones didácticas de su propuesta.
- Ernst von Glasersferld y el constructivismo más radical (1987): desde estas teorías se llega incluso a negar la realidad objetiva y se defiende que el conocimiento, construido mediante experiencias individuales, está en la mente de las personas.

Este paradigma ha supuesto, por tanto, una verdadera revolución en educación, ya que propició en la década de los 60 y los 70 la transición del instructivismo/behaviourismo al constructivismo/cognoscitivismo (Martel, 2002: en línea). En este artículo la autora establece las diferencias entre los enfoques instructivistas y los constructivistas, diferencias que creemos pertinente recoger aquí para comprender los principios básicos de estas corrientes:

Tableau 1 Principes d'enseignement/apprentissage des pratiques selon les constructivismes et les instructivismes		
	Pratiques constructivistes	**Pratiques instructivistes**
Dimensions individuelles		
1. Rôle de l'apprenant	Constructeur actif de connaissances Collaborateur parfois un expert	Personne qui écoute Toujours un apprenant
2. Conception de l'apprentissage	Transformation de l'information en connaissance et sens	Accumulation de l'information
3. Fondements cognitifs	Interprétation basée sur les pré-connaissances et les croyances	Accumulation basée sur l'information précédemment acquise
4. Types d'activités	Centré sur l'apprenant, varié, selon les styles d'apprentissage Relation interactive	Centré sur l'enseignant Relation didactique Même exercice pour tous les apprenants
5. Type d'environnement	De soutien	Hiérarchique
6. Type de curriculum	Riche en ressources, autour d'activités Fournit l'accès à l'information sur demande	Pré-établi et figé, fournit les seules ressources nécessaires
7. Preuve de succès	Qualité de la compréhension et construction de connaissances	Quantité d'informations mémorisées
8. Flux des activités	Auto-dirigé	Linéaire et dirigé par l'enseignant
9. Évaluation	En référence aux compétences développées portfolios	En référence à l'information Tests à questions courtes Tests standardisés
Dimensions sociales		
1. Conception des savoirs	Comme un processus dynamique qui évolue dans le temps et dans une culture donnée	Une vérité statique qui peut être acquise une fois pour toute, indépendamment de l'apprenant
2. Rôle de l'enseignant/e	Collaborateur, facilitateur, parfois un apprenant	Expert, transmetteur de connaissances
3. Accent de l'enseignement	Création de relations Réponse à des questions complexes	Mémorisation Accent sur l'information
4. Actions principales	Mis sur le travail en coopération Développement de projets et résolution de problèmes	Lectures et exercices individuels
5. Modèle social	Communauté, sens de l'appartenance Personnes qui agissent sur leur propre environnement et n'en sont pas seulement dépendants Développement de l'autonomie, métacognition et réflexion critique	Salle de classe Apprenants comme récipiendaires de connaissances transmises
6. Rôle du ludique	Jeu et expérimentation comme des formes valables d'apprentissage	Jeu = perte de temps Expérimentation limitée
Outils et technologies	Variés : ordinateurs, lecteurs vidéo, technologies qui engage l'apprenant dans l'immédiat de leur vie quotidienne, livres, magazines, périodiques, films etc.	Papier, crayon, textes, quelques films, vidéos, etc.

Tabla 2. Tabla comparativa: instructivismo *vs.* constructivismo (Martel, 2002: en línea)

Desde la didáctica de la traducción, la corriente que más repercusión ha tenido por el momento ha sido la socioconstructivista de la mano de Don Kiraly. En su primera gran publicación, *Pathways to translation: pedagogy and process* (1995), Kiraly pone el acento en el componente psicolingüístico y social del proceso traductor. Como base para el componente social toma la teoría lingüística de Firth y su concepto de *contexto de situación*, ya acuñado con anterioridad por Branislaw Malinowski. Según la teoría de Firth (1951, 1957, 1964), este contexto está formado por un conjunto de categorías abstractas que clasifican los factores situacionales que influyen en la emisión y recepción de un mensaje y sus partes. El significado de dicho mensaje es el resultado de la coexistencia de un conjunto específico de factores. En consecuencia, todo traductor profesional deberá tener en cuenta los múltiples factores sociales que intervienen en el proceso con el fin de traducir convenientemente.

En lo que concierne al componente psicolingüístico, Kiraly parte del modelo de Boekaert, según el cual la comprensión y producción en la lengua 1 y 2 conllevan una serie de procesos cognitivos mediante los cuales se accede a la información lingüística, conceptual y episódica con el fin de conseguir una serie de objetivos comunicativos.

Sin embargo, será la perspectiva social la que más importancia adquiera en su obra *A social constructivist approach to translator education: empowerment from theory to practice* (2000), basada en los principios teóricos del constructivismo social. Desde este enfoque, tal y como se ha señalado, el individuo crea o construye los conocimientos y significados a través de la interacción interpersonal e intersubjetiva. Esta nueva visión, por su carácter práctico y por la relevancia que adquiere el proceso de construcción del conocimiento, permite hacer hincapié en la importancia del discente en el proceso de enseñanza-aprendizaje y en la orientación profesional de los programas de formación en traducción e interpretación, tendencia muy en auge hoy en día.

Kiraly (2000: 34 ss.), basándose en buena parte en los fundamentos de Vygotsky, expone una serie de principios clave que se deben tener en cuenta para la enseñanza socioconstructivista en traducción:

1. Múltiples realidades y perspectivas: desde el socioconstructivismo se defiende que el individuo, como sujeto que forma parte de la sociedad, construye su aprendizaje mediante la interacción con otros miembros de las co-

munidades en las que se integra. Aprendemos compartiendo y contrastando puntos de vista diferentes, hecho que contribuye al desarrollo personal y al de la propia cultura.

2. Aprendizaje cooperativo/colaborativo: el proceso de aprendizaje no es solo la interiorización por parte del estudiante de una serie de conceptos o métodos de trabajo, sino que supone la colaboración entre profesores y alumnos para la creación de significados. Así pues, se crean realidades de forma conjunta y se interiorizan individualmente. En este proceso de interiorización se ven implicados tanto el alumno como el profesor. A este respecto es de gran utilidad el uso de proyectos de traducción reales en el aula, con el fin de que los estudiantes se vean involucrados en un proceso real en el que tienen que aprender a desenvolverse. Se promueve así el *learning how to learn.*
3. Apropiación del conocimiento sociocultural: el término *apropiación* fue introducido por Leont'ev como alternativa al concepto de asimilación acuñado por Piaget. Se podría definir como el proceso por el que se interioriza el conocimiento interpersonal o sociocultural mediante un diálogo entre el individuo y el medio. Se trata de un proceso recíproco entre el alumno y el profesor, en el que resultan beneficiadas ambas partes y deja de ser la tradicional transferencia de conocimientos unidireccional de profesor a alumno.
4. Zonas de desarrollo próximo (ZDP): término acuñado por Vygotsky que se refiere a la diferencia entre aquello que el alumno es capaz de hacer por sí solo y lo que sería capaz de hacer con ayuda. Es una especie de zona virtual de posible desarrollo que se crea en una situación de aprendizaje y que puede dar lugar al desarrollo cognitivo. El profesor debe intentar mantener al estudiante en esta zona y saber actuar como guía sobre todo al inicio de la etapa de aprendizaje.
5. Aprendizaje situacional: Kiraly aconseja situar el aprendizaje dentro de su contexto situacional mediante la participación activa. Promueve el desarrollo de las habilidades traductoras mediante tareas profesionales reales, sin caer en la tradicional división de habilidades o conocimientos en pequeñas tareas. Fomenta la realización de proyectos en toda su complejidad, siempre teniendo en cuenta el nivel previo del alumnado. Critica la tradicional abstracción de conocimientos sin contexto que se suele realizar en muchas asignaturas.
6. Viabilidad: las concepciones de la realidad que construimos en nuestra mente se mantienen siempre y cuando sigan funcionando en una realidad determinada. Cualquier perturbación que se produzca modificará esa percepción y conllevará un proceso de apropiación. De esto se deduce que el aprendizaje no es un proceso finito sino dinámico, ya que va transformando la percepción de la realidad a lo largo de nuestra vida. Este planteamiento está claramente relacionado con el *lifelong-learning.*
7. Estructuras de andamiaje (*scaffolding,* término acuñado por Jerome Bruner, uno de los principales representantes del modelo cognitivista de aprendizaje por descubrimiento) para conseguir la adquisición autónoma del conocimiento: la ayuda ofrecida por el profesor, que actúa de guía o tutor del proceso, debe permitir en etapas iniciales del aprendizaje la realización de actividades que el alumno no podría realizar por sí solo. Este hecho le acerca a

un nivel de competencias con el que será capaz, en un futuro, de realizar dicha actividad de forma individual. Esto no significa que el docente deba proporcionar la solución a determinados problemas, sino que debe ayudar a construir el camino para hallar la solución propia.

8. Aprendizaje sociocognitivo: proceso por el que se introduce a los estudiantes en prácticas auténticas para la adquisición de sus competencias. Mediante actividades propias del campo, el discente debe saber controlar su propio desarrollo hacia el verdadero dominio de las competencias profesionales y fomentar la autorreflexión sobre sus propias capacidades.
9. Transformación y adquisición de las competencias del traductor: se debe concienciar al estudiante de los factores que intervienen en la traducción para que pueda desarrollar su propio concepto como traductor; igualmente hay que proporcionarle la ayuda necesaria para la construcción de sus propios recursos profesionales.

Como queda claro en la formulación de los principios anteriores, uno de los objetivos principales de las teorías socioconstructivistas es situar al estudiante en el centro del proceso de enseñanza-aprendizaje. Esta metodología ya se empezaba a vislumbrar en algunas de las tendencias expuestas anteriormente y ha caracterizado las propuestas didácticas más innovadoras desde los años 80 del siglo pasado. Como se ha mencionado, se asienta sobre las bases del constructivismo, según las cuales el aprendizaje no se debe basar en la mera transmisión del conocimiento, sino en la construcción conjunta de este. Se abandona el enfoque tradicional de responsabilidad y control por parte de la figura del profesor, quien pasa a adoptar un rol más parecido al de tutor que promueve la adquisición de competencias profesionales a través de la experiencia, la capacidad para tomar decisiones, asumir responsabilidades y conseguir la autonomía suficiente para fomentar el aprendizaje a lo largo de toda la vida.

Para ello, Kiraly hace uso de una metodología que reproduce las condiciones de trabajo reales y fomenta el aprendizaje colaborativo y multidireccional entre los distintos participantes en el aula. Al discente se le proporciona la ayuda necesaria para llegar a unos objetivos establecidos de manera colaborativa por él mismo y el docente. Se evita, por tanto, la comunicación unidireccional (profesor-alumnos) y se redefine el papel tradicional del docente, quien se convierte en un apoyo, un guía en el proceso de enseñanza-aprendizaje. Su actuación se limita básicamente a dos niveles: organización y evaluación de la trayectoria grupal y ayuda individual o de grupo dentro de la zona de desarrollo próximo.

Como se puede observar, el enfoque profesional adquiere un papel esencial en la formación del traductor:

> It is clear that today, high levels of translation competence, foreign language competence and native tongue competence are in themselves insufficient, albeit essential, features of the translator's overall professional profile. But the translator's marketability also depends on his or her ability to use the modern tools of the trade in a professional manner, to research new topics quickly and efficiently, to justify one's work when necessary, to negotiate and collaborate with other translators and subject matter experts to accomplish tasks at hand. What is essential for graduates is that they be competent enough to tackle a wide variety of assignments and that they be confident enough to undertake new language-related tasks that may not have even existed when they were studying. (Kiraly, 2000: 13)

Para alcanzar estos objetivos marcadamente profesionales, Kiraly pone de relieve la importancia de los proyectos. Estos se convierten en la actividad pedagógica principal y se llevan a cabo de manera colaborativa en clase. El grupo asume un proyecto en común y el profesor adquiere el papel de coordinador, ayudante y mediador entre el cliente y los estudiantes/traductores. El proyecto ideal es un encargo de traducción real que cumple con las características propias de los encargos profesionales: lector meta real, fecha límite ajustada, restricciones de formato, estándares de calidad, etc. Igualmente se pueden negociar las condiciones de trabajo entre el cliente y los estudiantes, y se deben identificar las fases del proceso necesarias para conseguir un producto que satisfaga las necesidades del cliente. En todos estos casos, el profesor será un apoyo para la organización y moderación de los trabajos del grupo. Como formato para la organización de la clase, Kiraly promueve el uso de talleres en los que se facilita la práctica real y la distribución de las funciones de los participantes. El uso de este formato didáctico ha sido defendido por otros autores como La Rocca (2007), quien parte de un marco epistemológico socioconstructivista y humanista. Recogemos aquí, a modo de resumen, algunos principios propuestos por Kiraly para la organización de dichos talleres:

1. Es imprescindible ubicar el aprendizaje ya que las experiencias reales o auténticas son las que más fomentan el desarrollo cognitivo.
2. Las experiencias de aprendizaje más valiosas son las que cuentan con diferentes perspectivas y no una única verdad.
3. El trabajo colaborativo es esencial en todo proceso de aprendizaje.

4. El objetivo de cada clase debe ser construir diferentes soluciones posibles a problemas que surgen de proyectos reales.
5. No se debe proporcionar respuestas correctas, sino que hay que ofrecer la ayuda necesaria para la construcción del conocimiento e ir delegando el control del proceso de aprendizaje en los mismos estudiantes.
6. Los talleres deben girar en torno a los principios socioconstructivistas con el fin de que los estudiantes vayan adquiriendo las destrezas necesarias para ser competentes dentro de la comunidad profesional (*cfr.* Kiraly, 2000: 65 ss.).

Desde este enfoque, al mismo tiempo que se cuestionan algunos aspectos de corrientes anteriores, se consolidan otros muchos. Con las corrientes cognitivistas en la enseñanza de la traducción se empezaba a prestar atención al alumnado y a su proceso de aprendizaje, de ahí el papel central que este adquiere en el aula. Igualmente el concepto de tarea se encuentra en la base de los proyectos propuestos por Kiraly. Como indica Hurtado Albir (1999: 49) «[l]a longitud y el número de tareas puede variar. Suele hablarse, así, de *proyecto,* cuando se trata de una tarea abierta, globalizadora de diversos objetivos y con una mayor secuenciación». Es obvia, pues, la interrelación que se establece entre estos dos conceptos que ya se incluían en las propuestas funcionalistas de Nord o en el enfoque por tareas de Hurtado Albir. No obstante, el punto de inflexión entre estas dos últimas propuestas y la de Kiraly es que las primeras distinguen entre tareas pedagógicas y del mundo real, mientras que Kiraly, al igual que otros autores como Vienne y Gouadec, defiende el uso de encargos reales.

En conclusión, la propuesta de Kiraly viene a revolucionar la pedagogía de la traducción con un enfoque que pone en evidencia muchos de los pilares en los que se asentaban algunas de las tendencias precedentes. Su propuesta gira principalmente en torno a los siguientes conceptos: construcción del conocimiento, importancia del discente, aprendizaje colaborativo, orientación profesional, proyectos y talleres. Se manifiesta, por lo tanto, la relevancia que este autor otorga a las cuestiones metodológicas didácticas.

1.1.3.8. Enfoque de González Davies: principios de las pedagogías humanista, socioconstructivista, comunicativa y cooperativa

La propuesta pedagógica de González Davies adopta un enfoque sincretista que, en nuestra opinión, permite la fusión del enfoque por tareas y del socioconstructivismo. En una de sus obras, *Multiple Voices in the Translation Classroom. Activities, tasks and projects* (2004), la autora intenta dejar atrás la obsoleta metodología «read and translate» para evolucionar hacia un enfoque que tenga más en cuenta las necesidades reales del alumnado de Traducción e Interpretación. Para ello, parte de la distinción ya presentada por Richards y Rodgers (1986: 20 ss.) entre enfoque, diseño y procedimientos. En el primer nivel, el enfoque, se basa en las teorías del humanismo, del enfoque comunicativo, del aprendizaje cooperativo y del socioconstructivismo.

Desde el humanismo se considera que el estudiante puede contribuir de forma activa a la transformación del grupo y al desarrollo de su propia competencia. Así deja de ser un sujeto que recibe de forma pasiva el conocimiento del profesor. Favorece el trabajo en grupo y los efectos positivos que tienen los factores emocionales en los resultados de aprendizaje. Desde los principios de la enseñanza humanista se defiende la creación de un ambiente de trabajo en grupo en el que los estudiantes se sientan involucrados, motivados y responsables del proceso y del producto del trabajo colectivo. Se pretende así reducir la presión, mejorar las habilidades comunicativas, aumentar la cohesión grupal y, en definitiva, alcanzar un aprendizaje eficaz. El enfoque comunicativo de la enseñanza de lenguas pretende dejar atrás la simple precisión lingüística y sintáctica y destacar la importancia del significado y la pragmática. Los principios básicos del socioconstructivismo ya se describieron en el apartado anterior. Solo queda señalar aquí la importancia que adquiere en este enfoque el concepto de autonomía del estudiante.

Tal y como se deduce de esta reflexión, se rechazan frontalmente los programas estructuralistas y las clases centradas en el docente que hasta el momento habían marcado la enseñanza en este campo. Con su enfoque la autora define su concepción de la traducción (con un modelo integrador de las distintas teorías traductológicas) y de la adquisición de la competencia traductora, al mismo tiempo que se establecen las bases necesarias para la delimitación del diseño y los procedimientos pedagógicos. Como objetivo de su propio modelo, la autora indica que «the aim of the teaching and learning process is to encourage intersubjective communication in a positive atmosphere, mainly through team work, to acquire linguistic, encyclopedic, transfer and professional competence and to learn to learn about translation» (González Davies, 2004: 13-14).

En relación también con el enfoque, González Davies expone la existencia de tres enfoques principales en el proceso de aprendizaje: un enfoque transmisionista, uno transaccional y otro transformacional. Ella propone la implantación de un enfoque transformacional en el cual el profesor actúa como mero facilitador de la tarea y el alumno adquiere un papel activo y autónomo.

González Davies establece una serie de características que muestran su proximidad con la propuesta de Kiraly (2000) en lo que respecta al diseño didáctico. En primer lugar, promueve la integración de las diferentes teorías traductológicas y teorías del aprendizaje (especialmente aquellas relacionadas con las dinámicas de clase) en su enfoque metodológico. Para ello, es necesario promover la comunicación entre investigadores e implementadores de dichas teorías en los distintos ámbitos. Desde esta perspectiva adquieren gran importancia los factores relacionados con la inteligencia emocional y se fomenta la negociación en clase mediante talleres y debates que permitan comprender los distintos fenómenos traductológicos. Igualmente el uso de actividades y hojas de trabajo que complementen la comprensión del texto que se va a traducir favorece el proceso de traducción de textos de diversas tipologías y temáticas. Con esta metodología se consigue la inclusión de actividades, pedagógicas y profesionales, relacionadas con el proceso y con el producto. Igualmente se traslada la atención del alumno desde el aprendizaje del lenguaje al de la traducción. En relación con los participantes del proceso de enseñanza-aprendizaje se promueve la interacción de todos ellos, la autonomía del estudiante y la percepción del profesor como guía de dicho proceso. Igualmente se considera la necesidad de respetar los estilos de enseñanza, de aprendizaje y de traducción, todo ello en un ambiente distendido que fomente la sinergia en el aula (*cfr.* González Davies, 2004: 13).

Como se puede observar, se promueve principalmente una pedagogía centrada en el discente que fomente la interacción entre alumnos, profesores, teóricos, investigadores y profesionales mediante actividades, tareas y proyectos que constituyan un reflejo del mundo real. Se intenta favorecer un entorno que considere los diferentes estilos de aprendizaje de los estudiantes, siempre teniendo en cuenta los objetivos pedagógicos y el mundo profesional. Todo esto marcará claramente los procedimientos didácticos, tal y como se deja entrever de las siguientes definiciones proporcionadas por la autora de los términos *actividades, tareas* y *proyectos:*

> Here activities are understood as concrete and brief exercises that help to practise specific points, be they linguistic, encyclopedic, transfer or professional (González Davies, 2004: 22).
>
> [...] task will be understood as a chain of activities with the same global aim and a final product. The full completion of a task usually takes up several sessions. In each of these, the activities lead along the same path towards the same end (González Davies, 2004: 23).
>
> In our context, projects can be defined as multicompetence assignments that enable the students to engage in pedagogic and professional activities and tasks and work together towards an end product (González Davies, 2004: 28).

González Davies realiza igualmente una interesante distinción entre actividades, tareas y proyectos con un enfoque pedagógico o profesional. Consideramos que esta distinción es fundamental en didáctica, ya que «el primer tipo de procedimientos sirve de apoyo, introducción, refuerzo o concienciación del segundo tipo [...]. Las actividades pedagógicas se entienden, pues, como los cimientos sobre los que se asienta su capacidad de mediar que, posteriormente, desarrollarán al llevar a cabo actividades del mundo real» (González Davies, 2009: 148).

En su manual, la autora ofrece una serie de ejemplos de estos tipos de procedimientos para una posible aplicación práctica en el aula. Al mismo tiempo propone dos modelos de evaluación, uno pedagógico o numérico y otro profesional u holístico, y se centra en explicar las funciones del profesor como guía y el papel del estudiante en este nuevo enfoque.

En definitiva, desde este enfoque se produce la integración de conceptos clave de propuestas anteriores. Entre sus peculiaridades hay que citar el esfuerzo que realiza la autora por integrar el enfoque metodológico traductológico y el enfoque metodológico didáctico y la adición de un aspecto que hasta el momento había quedado olvidado y que, en ocasiones, se pasa por alto en la mayoría de las propuestas didácticas: el elemento afectivo y su repercusión en el proceso de aprendizaje.

1.1.3.9. Enfoque situacional

El último modelo al que haremos referencia en este apartado es el denominado por algunos autores «enfoque situacional». Este enfoque se encarga de llevar al máximo exponente la necesidad de profesionalizar la formación de los traductores en la universidad. Dicha perspectiva ya se ha puesto de manifiesto en los últimos modelos que hemos presentado y la enseñanza de la traducción asistida por ordenador estará continuamente marcada por estos matices profesionalizantes.

El principio básico sobre el que se sustentan los investigadores de este modelo es el de trasladar contextos reales de la traducción profesional a las aulas. Para ello, promueven el uso de encargos reales como tareas académicas, aunque veremos que la propuesta de cada autor presenta sus peculiaridades. Se trata, por tanto, de un enfoque claramente funcionalista que nos remite a las ideas de Nord de incorporar en el aula la realidad profesional mediante el empleo de encargos de traducción.

Con el fin de exponer las propuestas que se han realizado y de resumir los fundamentos del presente modelo, recogeremos aquí los enfoques de diversos investigadores. Los principales exponentes de esta corriente son Vienne y Gouadec. Es más, la denominación de enfoque situacional se la debemos al primero.

En su artículo «Towards a Pedagogy of "Translation in Situation"», Jean Vienne (1994) propone la realización en el aula de traducciones que ya se han llevado a cabo en un contexto profesional. En su opinión, el profesor debe realizar las veces de «cliente» y revisor y si, además, él mismo se ha encargado de traducir el texto proporcionado a los estudiantes, será capaz de ofrecerles las respuestas adecuadas durante todo el proceso de traducción, no solo como profesor sino también como potencial cliente. Para ello propone la realización de un curso de introducción previa a la metodología de trabajo, en el que se aborden cuestiones como el análisis del texto y la situación inicial, las estrategias de traducción, las técnicas de documentación y explotación de recursos, la producción del texto y la revisión. Una visión muy similar en lo que respecta al papel del profesor como revisor la adopta unos años más tarde Kinga Klaudy (1996: 199), quien indica que la actitud del profesor ante la corrección es la de buscar formas de desarrollar la competencia traductora, mientras que el revisor profesional busca facilitar la comprensión al lector meta.

Una postura más radical es la de Daniel Gouadec. Desde su punto de vista, el currículum en la enseñanza de la traducción debe tomar como referencia el tipo de estudiantes y las demandas del mercado. Para ello propone a partir de su propia concepción del mercado, fruto de diversas investigaciones, la especialización en materias que van desde la terminología hasta las herramientas electrónicas. A diferencia de Vienne, este autor defiende la realización de encargos de traducción para clientes reales con el fin de que el discente se habitúe a trabajar en un entorno totalmente contextualizado y propio del mundo laboral. En dos de las publicaciones de este autor, *Translation as a Profession* (2007) y *Guide des métiers de la traduction-localisation et de la communication multilingue et multimédia* (2009), Gouadec nos presenta su visión de la profesión y del mercado de la traducción en Francia y a partir de ahí define aspectos como perfiles profesionales del campo (intérprete, traductor, terminólogo, redactor, localizador, jefe de proyectos, entre otros), el trabajo diario del traductor profesional, perspectivas de futuro de la profesión, cuestiones como las tarifas, la productividad, los plazos, la calidad, etc. Igualmente dedica un capítulo en su publicación de 2007 a las herramientas de la estación de trabajo del traductor. De todo ello se deduce claramente que este autor parte de la visión de un TSP.

Aunque algunos autores incluyen a Robinson en un enfoque diferente[8], su clara inclinación por una formación de traductores eficaces que satisfagan las necesidades del mercado nos permite encuadrarlo dentro de este modelo. Sin embargo, su enfoque se aleja ligeramente de las dos propuestas anteriores. En su manual *Becoming a Translator: An Introduction to the Theory and Practice of Translation* (2003) trata aspectos que van desde la ética profesional a la productividad, la gestión de proyectos y las nuevas tecnologías, pasando por cuestiones de índole cognitiva, semiótica, cultural y social. Así pues, con la intención de favorecer la integración del mundo académico y el profesional propone buscar el equilibrio entre el lento aprendizaje de la universidad, que se produce de

8 Kelly (2005: 17) encuadra a Robinson en el enfoque que ella establece de equilibrio entre el análisis consciente y el descubrimiento subliminal, otro de los aspectos que cobra gran importancia en su obra.

forma consciente y analítica, y el aprendizaje del mundo laboral, caracterizado por su rapidez y carácter holístico.

Como se ponía de manifiesto en el apartado en el que abordamos el socioconstructivismo, Kiraly (2000) es otro claro representante de esta corriente. Este autor propone el uso de talleres colaborativos basados en proyectos que permitan a los estudiantes asumir encargos reales de traducción que los enfrente a los problemas que surgen durante un proceso de traducción propio de la realidad profesional. En relación con ello distingue entre dos conceptos muy interesantes: *expertise* y *professionalism*.

> Expertise I would describe as the competence to accomplish translation tasks to the satisfaction of clients and in accordance with the norms and conventions of the profession with respect to producing a translated text *per se*. (Kiraly, 2000: 30)
>
> Professionalism, on the other hand, would characterize the translator's ability to work within the social and ethical constraints of translation situations in a manner that is consistent with the norms of the profession. (Kiraly, 2000: 31)

Otro investigador que defiende una formación de traductores orientada a la profesión es Schopp (2006). Este autor critica que en la mayoría de las ocasiones el entorno de trabajo en la universidad no ofrezca la autenticidad necesaria para satisfacer los estándares propios del mercado como, por ejemplo, la falta de herramientas informáticas adecuadas. Para suplir algunas de estas carencias, este autor propone la realización de encargos de traducción sobre la base de los siguientes criterios:

> 1. the commission should be as original as possible, so that later in actual professional work the student will deal with the same type of text.
> 2. the desired end product should have a certain degree of publicity so that as a rule, a certain degree of quality is achieved;
> 3. the task should have a certain amount of culture-specific terminology, so that the likelihood of a purely mechanical mistake being made will be reduced. (2006: 178)

Podríamos seguir citando a otros muchos autores que defienden con más o menos entusiasmo esta perspectiva profesional aplicada a la formación: Ulrych (1996), Mossop (2003), Bolaños Medina (2002), Pym *et al.* (2003), Bermúdez Bausela (2005), Cámara de la Fuente (2005), De Manuel Jerez (2005), Abril Martí (2006), Torres Hostench (2007), Freigang, Ramírez y Zielinski (2009),

Kuznik (2010), Biel (2011), Huertas Barros (2013), Li (2013) y OPTIMALE (en línea). Sin embargo, con nuestra exposición pretendemos recoger algunas de las opiniones más relevantes que nos permitan extraer conclusiones. Así pues, vemos que existe una gradación a la hora de definir el encargo: desde el encargo pedagógico defendido por Nord en su enfoque funcionalista, nos encontramos con las propuestas de seleccionar traducciones realizadas anteriormente en el mercado hasta la participación del estudiantado en encargos reales, enfoque en torno al que han girado interesantes debates sobre aspectos éticos en traducción. Igualmente algunos modelos de los expuestos arriba como, por ejemplo, el de Gouadec, se limitan al mundo profesional y la aplicabilidad de la formación a este último. Otros, sin embargo, tienen en cuenta otros aspectos lingüísticos, sociales, culturales y cognitivos. Este hecho nos permite concluir que el concepto de perfil traductor no es tan obvio como pudiera parecer y en esta línea nos encontramos con críticas a la excesiva profesionalización defendida desde esta corriente.

1.1.3.10. Conclusiones sobre los modelos didácticos en la enseñanza de la traducción

Los modelos didácticos que acabamos de repasar nos ofrecen un amplio panorama de la enseñanza de la traducción a lo largo de su breve historia. Se puede advertir una clara evolución en lo que a enfoques didácticos se refiere, evolución que ha ido de la mano del desarrollo de la propia traductología, con la que se observa un fuerte paralelismo, de la profesión, del mercado laboral y de la enseñanza en niveles superiores (*cfr.* Morón Martín, 2009: 128).

Desde la tradicional traducción pedagógica basada en el método gramática-traducción, pasando por teorías y propuestas que anclan sus raíces en la psicología cognitiva, hasta los enfoques más recientes que ponen el acento básicamente en los aspectos profesionales, la didáctica de la traducción ha sufrido continuos vaivenes que nos trasladan desde enfoques metodológicos puramente traductológicos hasta otros meramente didácticos. Así pues, en los primeros modelos que hemos repasado, el interés recae en el método traductor, mientras que poco a poco se empiezan a integrar elementos procedentes del campo de la didáctica. Tanto es así que en los últimos enfoques aquí tratados, como el enfoque por tareas y el socioconstructivismo, aunque definen su marco traductológico, se hace especial hincapié en las cuestiones puramente didácticas. Así se observa una clara evolución que va desde los enfoques basados en la clase magistral a aquellos centrados en el alumno, desde el producto al proceso, desde la teoría a la práctica. Por tanto, una de las críticas que se podría realizar a los distintos modelos de investigación en este campo es la falta de consideración de cuestiones traductológicas y didácticas desde una única perspectiva que las integre a ambas.

Como se puede advertir, en los primeros modelos se empiezan a sentar las bases de lo que actualmente constituye la didáctica de la traducción. Aunque la traducción pedagógica y las teorías traductológicas para la enseñanza de la traducción han sido objeto de feroces críticas, determinadas cuestiones tratadas en esos enfoques son recogidas posteriormente por modelos más recientes con el fin de avanzar en este campo. Lo mismo ocurre con la propuesta de objetivos de Delisle, la importancia que se le otorga al proceso traductor desde la corriente cognitiva o psicolingüística o el papel que adquiere el encargo de traducción propuesto por Nord.

Otro aspecto debatible, en nuestra opinión, sería que los diferentes modelos didácticos en ocasiones tienden a considerarse como bloques estancos y con límites bien definidos. No debemos olvidar que estos enfoques dejarían de tener sentido sin una aplicación práctica que justifique sus principios: los límites entre las distintas teorías se ven difuminados en el aula. De esta forma, es posible aplicar los principios de unas teorías a otras y sus enfoques pueden resultar compatibles. Por ejemplo, aunque el método gramática-traducción ha dejado de tener validez, los nuevos estudios sobre enseñanza de lenguas para traductores pueden resultar muy útiles en los primeros años de formación. Asimismo, los estudios realizados desde el cognitivismo y la psicolingüística siguen siendo de gran interés para arrojar información sobre el proceso de adquisición de la competencia traductora, aspecto fundamental que se debe tener en cuenta en todo enfoque didáctico. Desde la enseñanza de la traducción mediante teorías traductológicas y en relación con las nuevas tecnologías, se hace imprescindible seguir estudiando el nuevo paradigma tecnológico para determinar si constituye una nueva corriente teórica dentro de la traductología y cuáles son sus implicaciones pedagógicas. Esto permitiría profundizar también en enfoques como el de Nord, el socioconstructivista o el situacional, que defienden una formación de carácter profesionalizante.

Esta reflexión nos lleva a otra de las carencias que desde nuestro punto de vista se pone de manifiesto en los diferentes modelos didácticos. Se debe promover la realización de estudios empíricos que validen los diferentes modelos y que permitan reformular sus principios en función de los diversos contextos de aplicación. Encontramos algunas tesis doctorales (como la de La Rocca [2007] basada en el modelo de González Davies, o la de Galán-Mañas [2009] que parte del enfoque por tareas) que recogen los resultados de la puesta en práctica de los modelos didácticos en los que se basan. Sin embargo, estos estudios son muy escasos y más aún aquellos en los que se combinan diferentes enfoques.

Teniendo en cuenta esta perspectiva, en la propuesta didáctica que presentamos, creemos necesario partir de un enfoque integrador que tenga en cuenta los principios del enfoque por tareas, el socioconstructivismo, el enfoque sincretista de González Davies y el enfoque situacional. La atención de cada uno de ellos recae sobre aspectos diferentes y solo teniendo en cuenta principios de estos cuatro enfoques se adoptaría, en nuestra opinión, una perspectiva lo más integradora posible. El enfoque por tareas y el socioconstructivismo pueden resultar complementarios si se entienden como una progresión. Igualmente, los aspectos de las teorías humanistas resaltados por González Davies y la importancia de la profesión como elemento definidor de los componentes didácticos, tal y como se defiende en el enfoque situacional, deberán constituir pilares fundamentales en nuestra propuesta.

Por tanto, adoptamos un enfoque integrador de los diferentes modelos aquí expuestos. Del enfoque por tareas de Hurtado Albir rescatamos la idea de tareas, unidades didácticas y delimitación de objetivos para las diferentes tareas. Todo ello entronca con la diferenciación que realiza González Davies entre actividades, tareas y proyectos. Consideramos que la evolución del estudiante debe ir de la mano de esta clasificación. Así proponemos el uso de actividades y tareas en los niveles iniciales para que el estudiante vaya asimilando los conocimientos y pueda aplicarlos en niveles superiores a proyectos más complejos. En nuestro caso, como se trata de una propuesta para los últimos años del grado, priman los proyectos, aunque también se incluyen algunas actividades y tareas. Asimismo, defendemos la progresión desde un enfoque transmisionista a uno transformacional para fomentar la autonomía del estudiante. Esta autonomía también se verá impulsada con el enfoque humanista que defiende González Davies para la formación, gracias al cual el alumno se involucra y motiva con el trabajo colectivo y se favorece así el desarrollo de competencias de carácter emocional. Por otro lado, González Davies defiende un enfoque comunicativo en el que cobra importancia el significado y la pragmática. En lo que concierne al socioconstructivismo, desde nuestra propuesta intentaremos partir de los principios básicos sobre los que se asienta esta corriente: aprendizaje colaborativo, sociocognitivo y situacional, zonas de desarrollo próximo, estructuras de andamiaje, transformación de las competencias del traductor, aprendizaje basado en proyectos reales y construcción activa de conocimientos. Por último, no podemos olvidar tampoco los principios del conectivismo, la nueva teoría del aprendizaje defendida por Siemens y Downes desde principios de este siglo y según la cual el aprendizaje no solo depende del individuo, tal y como se defendía desde anteriores teorías, sino que puede residir fuera de este y está enfocado en conectar toda la información disponible para que se produzca aprendizaje (Siemens, 2004: en línea).

Propuesta de integración de la subcompetencia instrumental-profesional en el aula

2. Propuesta de integración de la subcompetencia instrumental-profesional en el aula

El núcleo central de este trabajo lo constituye la propuesta didáctica para la enseñanza de la traducción especializada alemán-español que hemos desarrollado y que abordaremos en el presente capítulo. Esta propuesta pretende ser el reflejo de los fundamentos traductológicos y pedagógicos que hemos defendido en los apartados anteriores con el fin de exponer un posible modelo de curso aplicable a diferentes asignaturas de los grados y posgrados.

Aunque en nuestra propuesta pedagógica los aspectos microestructurales o del aula adquieran mayor importancia, los principios pedagógicos que sustentan la propuesta encuentran su explicación en el nivel macroestructural. Resumimos brevemente estos fundamentos pedagógicos en la siguiente figura que hemos elaborado:

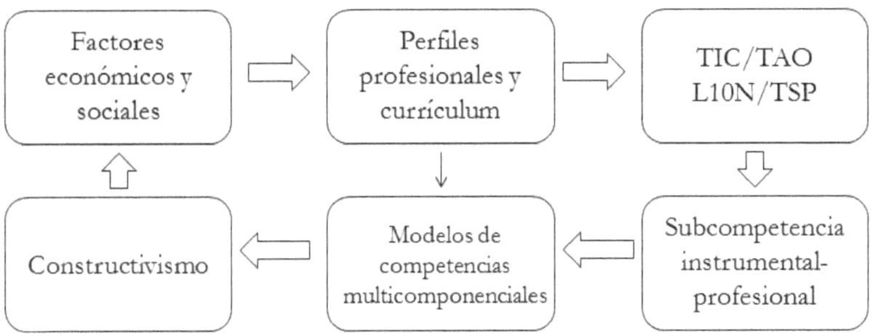

Figura 12. Fundamentos pedagógicos de la propuesta didáctica a nivel macroestructural

Aunque nos centramos en la combinación alemán-español, las propuestas aquí presentadas son extrapolables a otras materias, ya sean de otras lenguas o contenidos. Así, por ejemplo, en las asignaturas relacionadas con las herramientas de traducción o especializadas en un ámbito concreto (traducción jurídico-económica o científico-técnica), se podrá adaptar el tiempo y las actividades a las exigencias de cada una de ellas. Al fin y al cabo, las materias no se deben entender como unidades independientes, sino como bloques interrelacionados de formación cuya coordinación se hace imprescindible para alcanzar el éxito académico y profesional.

Nuestra propuesta está pensada para una clase de traducción directa. En este sentido, estamos de acuerdo con Beeby (1996: 57) y Hurtado Albir (1999: 24), cuando señalan que la direccionalidad de la traducción exige habilidades distintas al individuo y que, por tanto, merecen espacios didácticos y objetivos diferentes en la formación. Al traducir hacia una lengua que no es la propia, el proceso de reexpresión se puede ver bloqueado por la falta de recursos. Por estos motivos, en nuestra propuesta no hemos incluido traducciones inversas. Preferimos, por tanto, centrarnos en la traducción directa para poder acotar el campo y profundizar en diferentes tipos de texto y de herramientas TAO. No obstante, dejamos la puerta abierta a posibles aplicaciones en la clase de traducción inversa[9].

Por otro lado, el enfoque que hemos adoptado, en el que la subcompetencia instrumental-profesional ocupa un lugar prioritario, podría llevar a pensar que nuestra propuesta se debería centrar básicamente en asignaturas de informática o documentación. Sin embargo, nuestra experiencia previa como profesional, docente y discente nos demuestra que solo con la aplicación de las herramientas a la práctica traductora se consigue el verdadero aprendizaje e integración de conocimientos durante el proceso traductor. Por este motivo y dado nuestro interés por los aspectos profesionales, hemos concluido que una buena opción para integrar todos los conocimientos adquiridos a lo largo del grado y ponerlos en práctica a través de encargos de traducción, sería mediante su aplicación en una asignatura de traducción especializada. De esta forma, no olvidamos las competencias lingüísticas y se consigue una integración contextualizada de todas las competencias con el objetivo de facilitar la incorporación de los profesionales al mercado laboral.

Habiendo establecido nuestro enfoque metodológico, tal y como lo definía Hurtado Albir (1999: 29), podemos delimitar los objetivos de nuestra propuesta didáctica:

---

9 Entre algunos de los investigadores que han tratado la didáctica de la traducción inversa encontramos a Cómitre Narváez (2003), Kelly *et al.* (2003), Yuste Frías (2005), Roiss (2006), Wimmer (2011) y Huang (2014).

- Desarrollar una propuesta de ajuste de la educación superior en Traducción e Interpretación a las recientes demandas de la sociedad y del mercado.
- Promover la inserción laboral de los egresados en puestos propios de traducción especializada.
- Ofrecer un aprendizaje más contextualizado y alcanzar un perfil profesional versátil, capaz de adaptarse a diferentes necesidades.
- Presentar una propuesta de formación basada en los principios del constructivismo.
- Integrar dentro de una misma asignatura competencias de diversa naturaleza que suelen responder a los contenidos aprendidos en varias materias.
- Evitar reproducir algunos de los errores en los que han caído las propuestas metodológicas analizadas en relación con la enseñanza de la TAO debido a la falta de fundamentos didácticos.
- Facilitar a los docentes de traducción especializada la creación de nuevas tareas y proyectos gracias a la plataforma que se puede encontrar en la página web del editor: https://www.frank-timme.de/site/assets/files/5389/plataforma.zip

Con todos estos objetivos en mente, pasamos a describir en profundidad nuestra propuesta didáctica.

2.1. Conocimientos previos

La enseñanza de la traducción especializada alemán-español se suele incluir en los últimos años del grado. Esto nos permite jugar con la ventaja de que se ha introducido a los alumnos a la gran mayoría de disciplinas que confluyen en nuestro ámbito: las lenguas de trabajo, la terminología, la documentación y la informática. Asimismo, poseerán al menos una ligera idea del mercado laboral.

Por este motivo, entre los requisitos principales deseables para cursar esta asignatura se encuentran los siguientes:

- Buen manejo de la lengua de origen (alemán) y de destino (español).
- Conocimientos terminológicos y documentales necesarios para hacer frente a la problemática que plantean los textos especializados.
- Conocimientos informáticos generales y específicos de algunas herramientas propias de traducción.

Sobre los dos últimos puntos se hará hincapié a lo largo de nuestra propuesta, pero es imprescindible que los estudiantes cuenten con una base previa a partir de la cual desarrollar nuevos conocimientos y hacer frente a la problemática presentada por los textos especializados y así poder superar con éxito las evaluaciones correspondientes.

2.2. Objetivos de las asignaturas

Con el fin de no caer en repeticiones innecesarias y de evitar las excesivas enumeraciones de objetivos que nos conducirían a una perspectiva conductista del proceso de enseñanza-aprendizaje, en este apartado esbozamos aquellos hacia los que se dirige nuestra propuesta didáctica, basándonos siempre en el modelo constructivista de competencias que hemos seleccionado. No vamos a presentar una lista de objetivos cerrada, sino que optaremos por una exposición descriptiva de los principales objetivos que guiarán el proceso y con los que se pretenden alcanzar las competencias indicadas. Estos objetivos no se deben interpretar como exclusivos ni tampoco como los sumandos cuyo resultado daría lugar a un traductor ideal. Son objetivos globales, centrados en el proceso de adquisición de la competencia traductora y no tanto en los resultados concretos de la realización de determinadas tareas. Solo en las hojas de ruta de cada actividad, que recogeremos en el apartado de metodología, indicaremos algunos de los objetivos específicos de actividades concretas.

Las asignaturas en las que se enmarca nuestra propuesta exigen enfrentar a la clase a toda una variedad de textos especializados de temática diversa. Dada la brevedad de los estudios de grado y la fuerte interdisciplinariedad que gobierna en nuestro ámbito, es imposible que los estudiantes se especialicen durante este nivel de estudios. Por este motivo, en nuestra propuesta, optamos por la introducción a diversos campos temáticos (principalmente el técnico, científico, económico y jurídico) a través de textos de distintos géneros y grados de especialización. De esta forma, el estudiante se podrá hacer una idea general de los campos y textos más comunes y podrá empezar a desenvolverse en tareas terminológicas y documentales, imprescindibles para este tipo de traducción. No incluimos textos propios de localización de *software* ni de páginas web, ya que su grado de especialización es tal que abogamos por su inclusión en una asignatura independiente, al igual que ocurriría con la traducción audiovisual. No obstante, sí se introducirán conceptos de esta modalidad de traducción.

Con el objetivo de que sean capaces de ofrecer un producto final de calidad, los estudiantes aprenderán a hacer frente a diversos encargos profesionales de los distintos campos que se abordarán a lo largo del curso. Para ello, deberán aprender a ceñirse a las instrucciones y referencias proporcionadas para el encargo, identificar los problemas que los textos plantean, conocer los distintos tipos de encargos que se suelen ofrecer en el mercado y saber trabajar con rapidez, al mismo tiempo que se ofrece un producto de calidad. Es imprescindible, por tanto, perfeccionar las competencias terminológicas y documentales que han adquirido a lo largo de cursos anteriores y que les permitirán resolver los problemas más habituales con los que se suele encontrar el traductor especializado. Igualmente, deberán manejar las herramientas terminológicas y documentales más comunes para la traducción especializada. La informática también desempeña un papel fundamental y aprenderán a manejar herramientas de traducción asistida y de control de calidad, utilizadas con frecuencia para este tipo de traducciones y que son imprescindibles para dedicarse a la traducción profesional en este campo. Finalmente es esencial que el estudiante sea capaz de evaluar el producto final de su traducción con respecto a unos estándares de calidad. Esto último también es aplicable a las tareas de revisión de textos especializados que se desarrollarán.

Otro de los propósitos de esta materia es dar a conocer al estudiantado el mercado laboral y los requisitos que se demandan de un profesional. A partir de estos conocimientos, el discente deberá ser capaz de analizar el mercado, captar clientes y detectar las necesidades de ambos. A todo ello, hay que añadir el conocimiento de la ética profesional, asociaciones de profesionales y estándares del mercado. En las actividades desarrolladas participará en distintas etapas del proceso: traducción, revisión, tareas terminológicas, gestión de proyectos, así como otras tareas complementarias a la traducción. Asimismo se darán a conocer los distintos factores y agentes que influyen en la traducción profesional. De esta forma, el estudiante conocerá el papel tanto de las empresas de traducción como del traductor autónomo, con el fin de valorar los pros y los contras de cada uno de ellos. Igualmente aprenderá conceptos propios del argot profesional a fin de comunicarse eficazmente.

Además de todo ello, hay una serie de competencias u objetivos transversales que se pondrán de manifiesto a lo largo de toda la propuesta didáctica. El alumno deberá, entre otras cosas, aprender a trabajar en equipo y valorar el trabajo de los compañeros, aprender de los errores y saber solucionarlos para futuros trabajos, trabajar bajo presión, identificar problemas y tomar decisiones, ser capaz de organizarse y coordinar un equipo de trabajo, ser competitivo dentro de la propia especialidad y, lo más importante, saber aprender de forma autónoma.

2.3. Contenidos

El carácter interdisciplinar de la traducción ha provocado que a lo largo de muchos años se haya dispersado el interés por cada una de las subdisciplinas que constituyen nuestro ámbito. Por este motivo, en nuestra propuesta didáctica pretendemos aunar todos esos conocimientos disciplinares que ha adquirido el estudiante a lo largo de los primeros cursos de grado con el fin de contextualizar el aprendizaje y proponer una perspectiva interdisciplinar de los contenidos. Solo de esta forma, los estudiantes serán capaces de movilizar las competencias necesarias en aquellas situaciones en las que se requieran.

Los contenidos que aquí exponemos constituyen la base sobre la que desarrollaremos nuestras actividades y con los que pretendemos alcanzar nuestros objetivos. En un principio, pensamos en desglosarlos para cada uno de los bloques temáticos. Sin embargo, el hecho de que el patrón de contenidos se repitiera y solo cambiara la temática abordada en cada bloque nos llevó a plantearnos la posibilidad de expresar nuestros contenidos de manera global. Por lo tanto, los contenidos aquí expuestos se han seleccionado en función de las competencias y objetivos ya presentados y con ellos se pretende conseguir una organización estructurada del aprendizaje.

Además, como ocurría con los objetivos, intentamos evitar las excesivas enumeraciones que nos conducirían a largos listados de contenidos generales y específicos. Así pues, en relación con los procesos de trabajo, donde habláramos de traducción, podríamos empezar a enumerar infinitos contenidos entre los que se encontrarían, por ejemplo: análisis de texto, técnicas de traducción, corrección ortográfica, etc. En nuestra propuesta didáctica, al estar orientada a los últimos años de estudios, todos esos contenidos se encuentran implícitos dentro de los propios procesos de traducción, por lo que inventariarlos aquí solo nos llevaría a querer sistematizar en exceso el proceso traductor y, en consecuencia, el proceso de enseñanza-aprendizaje.

Con la intención de organizarlos de manera lógica y no ofrecer simplemente un listado de contenidos globales, distinguimos tres tipos: conceptuales, procedimentales y actitudinales. Aunque la traducción se base principalmente en contenidos procedimentales, también se precisa de conocimientos declarativos y actitudes con los que hacer frente de manera satisfactoria a un encargo profesional.

Contenidos conceptuales
- Lenguajes especializados.
- Conocimientos temáticos.
- Convenciones textuales, tipologías y géneros de los textos especializados.
- Profesión y mercado laboral.
- Ética profesional y estándares del mercado.

Contenidos procedimentales
- Procesos de trabajo: traducción, revisión, maquetación, gestión terminológica, posedición, etc.
- Informática general y traducción asistida por ordenador.
- Estrategias terminológicas y de documentación.
- Gestión de proyectos.
- Argot profesional.
- Búsqueda de empleo y atención/negociación con los clientes.

Contenidos actitudinales
- Organización.
- Trabajo en equipo.
- Gestión del tiempo.
- Atención al detalle.
- Autoconfianza.
- Iniciativa y espíritu emprendedor.
- Solución de problemas y toma de decisiones.

Aunque estas categorías pretenden guiarnos en la organización de los contenidos, no se deben entender como compartimentos inamovibles, ya que es posible entenderlos desde diferentes puntos de vista según el componente en el que hagamos mayor hincapié. Su categorización inicial depende del tipo de contenido que predomina (conceptual, procedimental o actitudinal).

Estos contenidos se irán escalonando en cada uno de los bloques temáticos que hemos establecido y conforme vaya avanzando el curso su complejidad irá aumentando, con la intención de que al finalizar los estudiantes sean capaces de enfrentarse de manera autónoma a un encargo profesional.

2.4. Secuenciación

Puesto que no tomamos ninguna asignatura como referencia y, por tanto, no partimos de un número de créditos establecido, no podemos fijar una secuenciación adecuada a las necesidades de una asignatura. No obstante, incluimos aquí una serie de pautas que ayuden a fijar el ritmo de trabajo.

Para los encargos de traducción, hemos tomado una media de trabajo de 200 palabras cada hora, con el fin de calcular la media de horas de trabajo necesarias. Esta estimación es solo orientativa y variará en función del alumno y la dificultad del texto. A la hora de realizar la planificación, recomendamos contar con un margen de horas acorde a la carga lectiva por los imprevistos que puedan surgir durante el desarrollo del curso, los diferentes ritmos de aprendizaje de los estudiantes, el aprendizaje de nuevas herramientas, la realización de las tareas de evaluación así como el *feedback* por parte del profesor con respecto a una determinada tarea. Así, por ejemplo, si se prevén 45 horas de clase en un semestre, podemos contar con unas 10 aproximadamente para abordar los imprevistos mencionados arriba.

Debido a la pluralidad temática con la que nos encontramos dentro de la traducción especializada, hemos decidido organizar la docencia en torno a los siguientes bloques temáticos, cada uno de los cuales se puede identificar con una unidad didáctica:

- Traducción profesional y mercado laboral
- Traducción técnica
- Traducción económica
- Traducción biosanitaria
- Traducción jurídica

Hemos incluido un bloque titulado Traducción profesional y mercado laboral con el fin de desarrollar la subcompetencia profesional de los estudiantes. Este bloque lo hemos ubicado al principio, porque las asignaturas se deberían iniciar con una introducción al mercado y la traducción profesional especializada. El resto de tareas de este bloque podrán distribuirse a lo largo del curso, en función del progreso de los estudiantes. Sí dejaremos para el final de curso la investigación de mercado que, como veremos, es la actividad que cierra este bloque relacionado con la profesión.

En cuanto a la organización general de los bloques, hemos intentado que fuera de temáticas, por así llamarlas, más sencillas a las que más dificultad podrían causar. No obstante, esto es muy relativo y, por ejemplo, un texto técnico de alto nivel de especialización, podría resultar mucho más complicado que la traducción de un certificado de nacimiento. Por este motivo, en cada bloque temático, hemos procurado empezar con tareas de menor dificultad y en las que existe más colaboración tanto por parte de compañeros como entre profesor y estudiantes, hasta finalizar con un proyecto más especializado al que el alumno tendrá que hacer frente de manera autónoma la mayoría de las veces. De esta forma, fomentamos la transición del enfoque transmisionista al enfoque transformacional. No obstante, hemos de tener en cuenta que el alumno se encuentra en los últimos niveles del grado, por lo que las actividades, tareas y proyectos conllevarán cierta complejidad.

2.5. Metodología

La metodología hace referencia a los modos de organizar o desarrollar el proceso de enseñanza-aprendizaje a fin de conseguir los objetivos educativos (De Pablos Pons, 2004: 268). Como indicábamos al principio de este capítulo, nuestra propuesta parte básicamente de los principios socioconstructivistas, el enfoque por tareas, el enfoque situacional y el modelo propuesto por González Davies. Abogamos por una propuesta de formación centrada en el estudiante, gracias a la cual fomentar su autonomía y, de esta forma, favorecer la consecución de los objetivos de aprendizaje establecidos inicialmente. El docente se convierte en tutor o guía, aunque en determinadas actividades adquiere mayor importancia. Por tanto, al igual que González Davies, defendemos tres enfoques principales en el proceso de aprendizaje: un enfoque transmisionista, uno transaccional y otro transformacional. Nuestra propuesta se orienta en esta línea con introducciones a la materia por parte del profesor, tareas colaborativas en grupo y, finalmente, tareas autónomas en las que el alumno toma el mando de su aprendizaje.

Teniendo en cuenta esta dinámica de trabajo, nuestras propuestas de unidades temáticas tendrán básicamente la siguiente estructura:

1. Introducción a los campos temáticos por parte del profesor. Para ello, se han elaborado unas diapositivas de introducción a cada uno de los bloques, en las que se abordan las características, los campos más comunes, dificultades y problemas, el mercado del tipo de traducción abordada y posibles herramientas y recursos. Aunque en esta presentación el profesor adquiere un papel importante, es imprescindible la colaboración del grupo para responder preguntas, plantear debates y realizar pequeñas tareas de investigación en relación con lo que se vaya tratando en las diapositivas.

2. Vídeos instructivos sobre herramientas TAO. Como las tareas y proyectos que se van a realizar a lo largo del curso requieren el uso de herramientas de traducción asistida, se incluyen vídeos instructivos sobre cada una de las herramientas que se van a usar. Así pues, en la plataforma en línea el estudiante encontrará vídeos sobre Wordfast Anywhere, OmegaT, Trados Studio, MemoQ y Déjà Vu. Con estos vídeos pretendemos seguir una metodología de enseñanza recientemente desarrollada gracias a las nuevas tecnologías y conocida como *flip teaching*, según la cual el alumnado asiste en casa a una clase magistral, grabada previamente por el profesor, y en clase aplica los conocimientos aprendidos en esta clase magistral. El hecho de que hayamos decidido aplicar esta metodología al aprendizaje del uso de herramientas se debe a que, en primer lugar, el nivel de los estudiantes en este ámbito puede ser diferente, por lo que a algunos les permitirá refrescar conocimientos adquiridos en cursos anteriores, mientras que otros podrán visionar el vídeo a su ritmo, al mismo tiempo que trabajan con la herramienta y van asumiendo conceptos. En segundo lugar, esos vídeos, junto con la ayuda en línea de las herramientas, se convertirán en archivos de consulta en el caso de que el estudiante tenga dudas a la hora de realizar una tarea determinada.

3. Actividades, tareas y proyectos. En este punto, nos ceñimos a la distinción establecida por González Davies (2004: 19) con respecto a estos tres conceptos. Así pues, entre todos los trabajos planificados, incluimos actividades para la práctica de aspectos concretos, tareas que incluyen un conjunto de actividades y proyectos en los que se ponen en práctica varias subcompetencias. No obstante, puesto que estamos en uno de los últimos cursos del grado, en nuestra propuesta predominan los proyectos, ya que se presupone que mu-

chos de los conocimientos aquí aplicables se han aprendido en cursos anteriores y ahora se requiere la aplicación en conjunto en procesos más complejos.

Todo ello se realizará siguiendo diferentes dinámicas: individuales, en parejas y en grupo. Aunque muchos proyectos se llevarán a cabo de manera individual, creemos que es muy importante el trabajo en pareja y en grupo en el día a día del traductor. Igualmente, serán tareas presenciales y semipresenciales para que el alumno adquiera nuevos conocimientos en el aula y los pueda aplicar a su trabajo en casa. La modalidad semipresencial también permitirá a los discentes habituarse al modo de trabajo de los traductores. Asimismo, como actividad de evaluación se propone la realización de un proyecto individual sobre la temática que el alumno escoja de las estudiadas durante ese periodo.

Aunque nosotros proponemos una serie de actividades, tareas y proyectos, estos pueden variar a lo largo del curso para adaptarnos a las necesidades del grupo. Se intentará abordar todo tipo de trabajos: traducción, revisión, tareas terminológicas, tareas complementarias a la traducción (DTP, LSO, etc.) y gestión de proyectos. Animamos a los docentes a adaptar estas propuestas al grado de dificultad que requiera el grupo y a utilizar nuestras propuestas con diferentes textos, idiomas o herramientas. Igualmente, el uso de un campus virtual ampliaría las opciones didácticas de nuestra propuesta.

El material que hemos preparado para la práctica de nuestra propuesta didáctica se encuentra en la plataforma que hemos desarrollado especialmente para este fin y que el lector podrá encontrar en la página web del editor (https://www.frank-timme.de/site/assets/files/5389/plataforma.zip). En el apartado Recursos y diapositivas, incluimos principalmente el contenido teórico, mientras que en Hojas de ruta y material se encuentra el material necesario para la realización de las distintas actividades, tareas y proyectos propuestos para los diferentes bloques. Todos ellos son fácilmente identificables, ya que se han clasificado por campo de especialidad y las actividades están enumeradas siguiendo las hojas de ruta que presentamos a continuación.

En un principio, consideramos la opción de incluir ejemplos de textos en las distintas tareas propuestas. Sin embargo, descartamos esta idea por varios motivos: en primer lugar, cada grupo de alumnos presenta características muy específicas a las que los docentes se deben adaptar y, aunque en nuestra propuesta mencionemos a modo de guía diferentes tipos de textos, el contenido y el grado de dificultad se puede adaptar al alumnado; por otro lado, no queríamos que la plataforma se convirtiera en un producto de «usar y tirar» y si a cada tarea asignábamos un texto, se corría dicho peligro; por último, muchos de los textos disponibles en internet están sujetos a derechos de propiedad intelectual y, en ocasiones, no es fácil contactar con las personas encargadas de gestionar los permisos de uso de dichos textos.

Hecha esta introducción, pasamos ahora a describir cada uno de los bloques que hemos establecido. Para ello, haremos una introducción a cada bloque e incluiremos las hojas de ruta que se pueden proporcionar a los alumnos para la realización de cada tarea. En estas hojas de ruta se incluye, por lo general, la siguiente información: número y nombre de la tarea, dinámica (individual, en pareja, en grupo), modalidad (presencial, semipresencial o a distancia), objetivos específicos, materiales necesarios, descripción del desarrollo de la actividad y evaluación de la actividad.

Queremos matizar que, aunque la introducción que incluimos en las distintas unidades didácticas en la que hacemos referencia a la presentación de diapositivas y al vídeo de herramientas es similar en todos los casos, hemos decidido incluirla para cada unidad didáctica con la intención de facilitar la lectura y consulta posterior de este trabajo.

2.5.1. Unidad didáctica *Traducción profesional*

1. Introducción a la traducción profesional
2. Planificación de proyectos
3. Casos prácticos de gestión de proyectos
4. Investigación de mercado

Esta unidad didáctica adquiere un cariz ligeramente distinto al resto de unidades que presentamos en las siguientes páginas. Aunque la ubicamos la primera, recomendamos extender sus actividades a lo largo de todo el curso, con el fin de ir alternando el aprendizaje de la traducción especializada con aspectos profesionales y la orientación laboral. Nuestra propuesta ideal de organización sería empezar con una introducción a la traducción profesional como primera actividad del curso, para después continuar con los bloques de traducción especializada. Si se tratase de una asignatura anual, a lo largo del primer semestre se podrían llevar a cabo las tareas de planificación de proyectos, con las que se introduce al estudiante a la gestión de proyectos. Ya en el segundo semestre, se podrían analizar los casos prácticos propuestos, a fin de adquirir competencias más avanzadas en la gestión de proyectos. Y por último, al finalizar el curso proponemos realizar una investigación de mercado de acuerdo con los intereses propios de cada estudiante, con el objetivo de que al finalizar el grado sepa a qué se puede enfrentar. Todo este bloque se debe complementar con la orientación profesional ofrecida a través de la plataforma que hemos creado.

N.º: 1	**Nombre de la tarea:** Introducción a la traducción profesional
Dinámica: individual/en grupo	**Modalidad:** presencial
Objetivos: - Conocer los distintos factores, agentes y procesos de la traducción profesional. - Saber interpretar recuentos realizados con herramientas TAO. - Llevar a cabo tareas propias de la gestión de proyectos. - Redactar una carta de presentación y un currículum vítae.	**Materiales:** - Ordenador con programas de edición de textos, correo electrónico y conexión a internet.

Desarrollo de la actividad

- ✓ **Ejercicio 1**: Tras una pequeña introducción a la traducción profesional (diapositivas *Traducción profesional*), se realizará una lluvia de ideas entre todos los componentes del grupo en relación con la concepción que tienen los estudiantes de las empresas o agencias de traducción y los traductores autónomos. Se deben abordar aspectos como las distintas funciones que se pueden desarrollar en una empresa, el tipo de texto y de clientes con los que se suele tratar, los procesos de trabajo, las herramientas, los plazos, los perfiles profesionales, entre otras cuestiones. Si se dispone de campus virtual, es posible abrir un hilo en el foro, en el que se podrá debatir en torno a estos aspectos.
- ✓ **Ejercicio 2:** Para conocer la diferencia entre agencias de traducción y clientes directos se debatirán en grupo los pros y los contras de unos y otros. Para ello, se puede abrir un hilo en el foro, en el que se podrá debatir en torno a estos aspectos.
- ✓ **Ejercicio 3**: El alumno deberá crear una estructura de carpetas que considere pertinente para el trabajo que realiza un traductor autónomo. Para ello, deberá tener en cuenta las distintas fases y tareas que este puede llevar a cabo. Podría ser aconsejable compartir las distintas propuestas para crear

una conjunta del grupo que se puede utilizar en los encargos realizados durante el curso.

- ✓ **Ejercicio 4**: Los estudiantes recibirán varios encargos. Para cada uno de ellos el cliente proporciona una fecha de entrega y un recuento realizado con una herramienta TAO. Deberán determinar el volumen de trabajo y si es factible o no realizarlo en el plazo indicado por el cliente. En el caso de que no sea factible, se deberán proponer alternativas para poder asumir ese trabajo. Esta tarea se debe realizar en grupo con apoyo del profesor, con el fin de que empiecen a comprender los principios básicos de la gestión de proyectos y del tiempo.
- ✓ **Ejercicio 5:** Para poder hacer frente a los distintos encargos que se propondrán a lo largo del curso, se realizará una pequeña investigación de mercado en torno a las tarifas de traducción para potenciales clientes. El alumno deberá recoger información sobre las tarifas que se suelen establecer actualmente para distintos servicios (traducción, revisión, maquetación, etc.) con fines orientativos.
- ✓ **Ejercicio 6:** Con el objeto de que el profesor obtenga información previa de los estudiantes, estos deberán redactar un currículum vítae y una carta de presentación. En clase se tratarán algunas de las principales dificultades y errores que suponen la redacción de estos documentos para orientar a los estudiantes profesionalmente.

<table>
<tr><td>N.º: 2</td><td colspan="2">Nombre de la tarea: Planificación de proyectos</td></tr>
<tr><td colspan="2">Dinámica: en parejas</td><td>Modalidad: presencial</td></tr>
<tr><td colspan="2">Objetivos:
- Hacer frente a la planificación de un encargo profesional.
- Saber interpretar recuentos realizados con herramientas TAO.
- Llevar a cabo tareas propias de la gestión de proyectos.
- Gestionar los recursos humanos para la ejecución de un proyecto.
- Identificar problemas y tomar decisiones.</td><td>Materiales:
- Ordenador con programas de edición de textos, correo electrónico y conexión a internet.</td></tr>
</table>

Desarrollo de la actividad

1. El alumno recibirá varios recuentos con un volumen elevado y deberá planificar la ejecución de ese trabajo en lo que a tiempo, recursos humanos y entregas se refiere.
2. Para ello, se le proporcionará un recuento y la fecha de entrega que exige el cliente. En función de todo ello, deberá organizar el trabajo del equipo de traductores, posibles entregas parciales y la coordinación con un revisor.
3. El profesor deberá guiar la tarea y añadir posibles problemas que puedan surgir durante la ejecución del proyecto, para que los alumnos los analicen y actúen en consecuencia.
4. Se deberá entregar la planificación de los proyectos en formato Excel o algún formato similar que se considere pertinente. Igualmente, se deberán anotar los posibles contratiempos que se puedan producir con el proyecto y la forma de solucionarlos. Es una tarea sencillamente de gestión, no de traducción.
5. Para la entrega se debe emplear esta nomenclatura: Apellidos_Nombre_2. Planificación de proyectos.

<table>
<tr><td>N.º: 3</td><td colspan="2">Nombre de la tarea: Casos prácticos de gestión de proyectos</td></tr>
<tr><td colspan="2">Dinámica: en parejas</td><td>Modalidad: presencial</td></tr>
<tr><td colspan="2">Objetivos:
- Hacer frente a un encargo profesional.
- Saber interpretar recuentos realizados con herramientas TAO.
- Llevar a cabo tareas propias de la gestión de proyectos.
- Gestionar los recursos humanos para la ejecución de un proyecto.
- Identificar problemas y tomar decisiones.</td><td>Materiales:
- Ordenador con programas de edición de textos, correo electrónico y conexión a internet.</td></tr>
</table>

Desarrollo de la actividad

1. El alumno recibirá varios casos prácticos en los que se dan una serie de datos y circunstancias que confluyen en la ejecución de un proyecto.
2. A partir de esos datos, el alumno deberá planificar el proyecto, tomar decisiones y solucionar los problemas que se le plantean.
3. Para ello, se incluyen una serie de preguntas que guían la tarea y es posible añadir problemas que puedan surgir durante la ejecución del proyecto, para que los alumnos los analicen y actúen en consecuencia.
4. Se deberán entregar las soluciones que se hayan planteado a cada situación. Se debe emplear esta nomenclatura: Apellidos_Nombre_3. Casos prácticos.

<table>
<tr><td>N.º: 4</td><td colspan="2">Nombre de la tarea: Investigación de mercado</td></tr>
<tr><td colspan="2">Dinámica: individual</td><td>Modalidad: presencial</td></tr>
<tr><td colspan="2">Objetivos:
- Realizar un estudio de mercado.
- Introducirse en el mercado laboral.
- Saber identificar necesidades de mercado y nichos empresariales.
- Ser competitivo dentro del mercado laboral actual.</td><td>Materiales:
- Ordenador con programas de edición de textos, correo electrónico y conexión a internet.</td></tr>
</table>

Desarrollo de la actividad

1. El alumno deberá realizar una breve investigación de mercado con el fin de obtener la información necesaria para entrar en el mercado laboral. Esta actividad se debe considerar una introducción para guiar al alumno en su futura inserción laboral.
2. Se tienen que recabar datos con respecto a:
   - ✓ Tendencias de mercado y demanda
   - ✓ Posibles clientes
   - ✓ Competencia
   - ✓ Socios
   - ✓ Tarifas
   - ✓ Cualificaciones
   - ✓ Organizaciones profesionales
   - ✓ Obligaciones fiscales y legales
3. Para ello deberá:
   - ✓ Establecer un objetivo global y desglosarlo en objetivos más pequeños.
   - ✓ Establecer la información que es necesario recopilar.
   - ✓ Determinar los medios de recopilación de información.
   - ✓ Realizar estudios propios.
   - ✓ Analizar y actuar según los resultados recogidos.
4. A partir de estos datos se esbozará un plan de negocio/de marketing (base de datos de posibles clientes, servicios, promoción, objetivos, métodos pa-

ra establecerse, tarifas, etc.) para ponerlo en marcha una vez que se vayan a integrar en el mercado laboral.

5. Recomendamos consultar los datos de estudio de mercado realizado por la Universidad Europea de Madrid (Rico Pérez y García Aragón, 2016) y las siguientes lecturas del blog de *Wantwords*[10] :
   - ✓ Lesson 62: What is market research for translation business and why you should've done it when starting out?
   - ✓ Lesson 63: Translation market research: what areas to include?
   - ✓ Lesson 65: 4 steps to market research for freelance translators or interpreters
   - ✓ Lesson 93: How to segment your translation market?
   - ✓ Lesson 117: What is niche marketing and how can expert translators use it?

10 Véase la información de la página web http://wantwords.co.uk/martastelmaszak/blog-2/ (consulta 10/08/2016).

2.5.2. Unidad didáctica *Traducción técnica*

Introducción a la traducción técnica

Vídeo de Wordfast

1. Traducción de una ficha informativa de un producto informático
2. Realización de un control de calidad con xBench
3. Traducción manual de instrucciones de montaje
4. Traducción folleto informativo + ficha técnica (automoción)

Introducción a la localización de *software*

Vídeo de OmegaT

5. Identificación y traducción de opciones de *software*
6. Traducción de *software* y documentación

Siguiendo la estructura que hemos establecido para nuestras unidades didácticas, la primera actividad de este bloque consistirá en una introducción a la traducción técnica por parte del profesor. Se verán cuáles son los campos más comunes en este tipo de traducción, los géneros con los que se suele trabajar y dificultades y problemas propios de estos tipos de textos. Asimismo, se introducirá al estudiante al mercado que más demanda este tipo de traducción y se le proporcionará posibles herramientas y recursos. Como indicábamos, el alumno debe adquirir un papel participativo en la presentación.

Una vez que se ha realizado la introducción al campo y que se han proporcionado las herramientas básicas para poder hacer frente a un encargo profesional, es necesario conocer la herramienta con la que se va a trabajar, en este caso es Wordfast Anywhere. El alumno cuenta con un vídeo de aproximadamente 15 minutos en la plataforma en línea. Igualmente la ayuda en línea de este programa es muy básica y ofrece toda la información necesaria para llevar a cabo un trabajo de traducción.

Con estas pinceladas básicas en torno al campo temático y la herramienta que se va a utilizar, es posible empezar a trabajar en tareas que permitan el desarrollo de la competencia traductora.

Dada la estrecha relación de la traducción técnica con la localización de *software*, hemos optado por incluir en este bloque una breve introducción a esta modalidad de traducción. Así pues, como en otros bloques, se realizará una presentación teórica de la localización de *software* y se realizarán dos actividades con OmegaT para saber cómo abordar estos textos.

<table>
<tr><td>N.º: 1</td><td colspan="2">Nombre de la tarea: Traducción de una ficha informativa de un producto informático</td></tr>
<tr><td colspan="2">Dinámica: individual/en parejas</td><td>Modalidad: presencial</td></tr>
<tr><td colspan="2">Objetivos:
- Hacer frente a un encargo profesional de dificultad media característico del campo técnico.
- Ofrecer un producto final traducido de calidad.
- Manejar herramientas TAO.
- Buscar terminología especializada y documentarse con rapidez.
- Trabajar bajo la presión del tiempo.</td><td>Materiales:
- Ordenador con programas de edición de textos, correo electrónico, Wordfast Anywhere y alguna herramienta de control de calidad.
- Diccionarios técnicos.</td></tr>
</table>

Desarrollo de la actividad

1. El alumno recibe un correo electrónico de petición de un trabajo. El trabajo consiste en la traducción urgente de una ficha informativa de un producto informático.
2. Se pide que la tarea se realice con Wordfast Anywhere. No hay memoria de traducción, se deberá utilizar una nueva.
3. El encargo deberá estar listo para entregar en el plazo de una hora. La entrega deberá contener únicamente el archivo sucio. Este archivo sucio se debe comprimir siguiendo esta nomenclatura: Apellidos_Nombre_1. Traducción producto informático.
4. En la siguiente clase se realizará la revisión en grupo del texto.

N.º: 2	**Nombre de la tarea:** Realización de un control de calidad con xBench
Dinámica: individual	**Modalidad:** presencial
Objetivos: - Hacer frente a un encargo profesional de dificultad media característico del campo técnico. - Ofrecer un producto final revisado de calidad. - Manejar herramientas TAO y de control de calidad. - Aplicar instrucciones y referencias específicas de un proyecto.	**Materiales:** - Ordenador con programas de edición de textos, correo electrónico, Wordfast Anywhere y xBench. - Diccionarios técnicos.

Desarrollo de la actividad

1. El alumno recibe un correo electrónico de petición de un trabajo. El trabajo consiste en realizar un control de calidad a una traducción ya realizada.
2. El cliente proporciona el original, archivo bilingüe traducido con herramienta TAO y glosario en diferentes formatos. El alumno deberá revisar a fondo el texto comparando el original con el traducido y realizar un *QA report* con xBench para detectar posibles errores. Se debe incluir el glosario para este QA. Igualmente se deben seguir las instrucciones de la lista de comprobación proporcionada.
3. El encargo deberá estar listo para entregar en el plazo de tres horas. La entrega deberá contener el archivo sucio con las correcciones que se hayan realizado. Este archivo sucio se debe comprimir siguiendo esta nomenclatura: Apellidos_Nombre_2. QA xBench.
4. Para finalizar la tarea, en clase se comentarán las principales dificultades surgidas durante el proceso de trabajo y en relación con el producto final de la traducción.

<table>
<tr><td>N.º: 3</td><td colspan="2">Nombre de la tarea: Traducción de un manual de instrucciones de montaje</td></tr>
<tr><td colspan="2">Dinámica: en parejas</td><td>Modalidad: semipresencial</td></tr>
<tr><td colspan="2">Objetivos:
- Hacer frente a un encargo profesional de dificultad media característico del campo técnico.
- Ofrecer un producto final traducido y revisado de calidad.
- Manejar herramientas TAO.
- Documentarse de manera adecuada.</td><td>Materiales:
- Ordenador con programas de edición de textos, correo electrónico, Wordfast Anywhere y alguna herramienta de control de calidad.
- Diccionarios técnicos.</td></tr>
</table>

Desarrollo de la actividad

1. El alumno recibe un correo electrónico de petición de un trabajo. El trabajo consiste en la traducción de un manual de instrucciones de montaje.
2. El encargo consta de varias tareas. En primer lugar, se pide que la tarea se realice con Wordfast Anywhere. No hay memoria de traducción, se deberá utilizar una nueva. En clase se realizará una tarea de búsqueda documental para localizar textos paralelos que se puedan alinear y así alimentar la memoria de traducción antes de empezar a trabajar. Una vez localizados, se tendrán que alinear con la función específica de Wordfast Anywhere y alimentar la memoria de traducción que vamos a utilizar.
3. La traducción la deberá realizar cada alumno por separado. Una vez finalizada, se debe intercambiar dicha traducción con el compañero para que este realice la revisión.
4. Una vez finalizada la tarea, se deberá entregar al cliente (en nuestro caso, el profesor) un archivo comprimido que contenga:
   - ✓ Versión traducida con archivo sucio y limpio.
   - ✓ Versión revisada con archivo sucio y limpio. Se debe incluir el nombre del compañero que ha realizado la revisión.
   - ✓ Informe de control de calidad libre de errores realizado con alguna herramienta general o la propia de Wordfast.
   - ✓ Memoria de traducción en formato .tmx que se ha creado para nuestro trabajo con la traducción final que se le ha dado a cada segmento.

Para poder identificar los archivos, se debe seguir esta nomenclatura al nombrar el archivo comprimido: Apellidos_Nombre_3. Traducción manual instrucciones.

5. Para finalizar la tarea, en clase se comentarán las dificultades y los errores más importantes tanto durante el proceso de trabajo como en el producto final de la traducción.

N.º: 4	**Nombre de la tarea:** Traducción de un folleto informativo + ficha técnica (automoción)
Dinámica: individual	**Modalidad:** a distancia
Objetivos: - Hacer frente a un encargo profesional de dificultad media-alta característico del campo técnico. - Ofrecer un producto final traducido y revisado de calidad. - Manejar herramientas TAO. - Llevar a cabo encargos terminológicos. - Documentarse de manera adecuada. - Realizar tareas propias de la gestión de proyectos.	**Materiales:** - Ordenador con programas de edición de textos, correo electrónico, Wordfast Anywhere y alguna herramienta de control de calidad. - Diccionarios técnicos.

Desarrollo de la actividad

1. El alumno recibe un correo electrónico de petición de un trabajo. El trabajo consiste en la traducción de un folleto informativo y la ficha técnica de un vehículo.
2. El cliente solicita, en primer lugar, un presupuesto que el alumno deberá elaborar. Se pide que la tarea se realice con Wordfast Anywhere. No hay memoria de traducción, se deberá utilizar una nueva.
3. Una vez aprobado el presupuesto, la tarea consiste en traducir y revisar el texto en cuestión y elaborar un glosario con los términos más importantes. Este glosario se deberá utilizar como base de datos terminológica en Wordfast Anywhere.
4. La traducción la deberá realizar cada alumno por separado. Una vez finalizada, él mismo llevará a cabo la revisión de su propio archivo y deberá entregar una versión traducida y otra revisada.
5. Una vez finalizada la tarea, se deberá entregar al cliente (en nuestro caso, el profesor) un archivo comprimido que contenga:
   - ✓ Versión traducida con archivo sucio y limpio.
   - ✓ Versión revisada con archivo sucio y limpio.

- ✓ Glosario traducido en formato Excel o .txt.
- ✓ Informe de control de calidad libre de errores realizado con alguna herramienta general o la propia de Wordfast.
- ✓ Memoria de traducción en formato .tmx que se ha creado para nuestro trabajo con la traducción final que se le ha dado a cada segmento.
- ✓ Factura del trabajo.

Para poder identificar los archivos, se debe seguir esta nomenclatura al nombrar el archivo comprimido: Apellidos_Nombre_4. Folleto informativo y ficha técnica.

6. Para finalizar la tarea, en clase se comentarán las principales dificultades surgidas durante el proceso de trabajo y en relación con el producto final de la traducción.

<table>
<tr><td>N.º: 5</td><td colspan="2">Nombre de la tarea: Identificación y traducción de opciones de software</td></tr>
<tr><td colspan="2">Dinámica: individual</td><td>Modalidad: presencial</td></tr>
<tr><td colspan="2">Objetivos:
- Identificar opciones de software.
- Tomar decisiones con respecto a la traducción del software.
-Ofrecer una traducción de software coherente y de calidad.</td><td>Materiales:
- Ordenador con programas de edición de textos y acceso a internet.</td></tr>
</table>

Desarrollo de la actividad

1. En clase se proporcionará un manual de instalación de un dispositivo electrónico.
2. El alumno deberá identificar las opciones de *software* en dicho manual y tomar una decisión con respecto a cómo se deben traducir.
3. Se deberá rellenar la plantilla de Excel proporcionada para la tarea, en la que se incluyan las opciones de *software*, la propuesta de traducción y los comentarios que el alumno considere pertinentes.
4. Todo ello se debe entregar en un archivo comprimido cuyo nombre sea Apellidos_Nombre_5. Opciones de software.
5. Para finalizar la tarea, en clase se comentarán las principales dificultades surgidas durante el proceso de trabajo y en relación con el producto final de la traducción.

<table>
<tr><td>N.º: 6</td><td colspan="2">Nombre de la tarea: Traducción de software y documentación</td></tr>
<tr><td colspan="2">Dinámica: en parejas</td><td>Modalidad: semipresencial</td></tr>
<tr><td colspan="2">Objetivos:
- Hacer frente a un encargo profesional de dificultad media-alta característico de la localización de software.
- Ofrecer un producto final traducido y revisado de calidad.
- Manejar herramientas TAO.
- Llevar a cabo encargos terminológicos.
- Documentarse de manera adecuada.</td><td>Materiales:
- Ordenador con programas de edición de textos, correo electrónico, OmegaT y alguna herramienta de control de calidad.</td></tr>
</table>

Desarrollo de la actividad

1. El alumno recibe un correo electrónico de petición de un trabajo. El trabajo consiste en la traducción de un programa y su documentación.
2. El cliente solicita que la tarea se realice con OmegaT. No hay memoria de traducción, se deberá utilizar una nueva.
3. La traducción la deberá realizar cada alumno por separado. Una vez finalizada, el compañero deberá llevar a cabo la revisión y se deberá entregar una versión traducida y otra revisada.
4. Una vez finalizada la tarea, se deberá entregar al cliente (en nuestro caso, el profesor) un archivo comprimido que contenga:
   - ✓ Versión traducida con archivo sucio y limpio.
   - ✓ Versión revisada con archivo sucio y limpio. El archivo limpio de la documentación debe estar correctamente maquetado.
   - ✓ Informe de control de calidad libre de errores.
   - ✓ Memoria de traducción en formato .tmx que se ha creado para nuestro trabajo con la traducción final que se le ha dado a cada segmento.

   Todo ello debe estar en un archivo comprimido cuyo nombre sea Apellidos_Nombre_6. SW y documentación.
5. Para finalizar la tarea, en clase se comentarán las principales dificultades surgidas durante el proceso de trabajo y en relación con el producto final de la traducción.

2.5.3. Unidad didáctica *Traducción económica*

Introducción a la traducción económica

Vídeo de Déjà Vu

1. Traducción de un glosario y creación de base de datos terminológica
2. Redacción de *queries*
3. Traducción de un comunicado de prensa sobre economía
4. LQI de traducción de una hoja informativa sobre una cuenta corriente
5. Traducción de un informe financiero

La primera actividad de este bloque consistirá en una introducción a la traducción económica por parte del profesor. Se abordarán los campos más comunes en este tipo de traducción, los géneros con los que se suele trabajar, características de estos textos y dificultades y problemas. Por otro lado, se presentará al estudiante el mercado propio de este tipo de traducción y se le proporcionará posibles herramientas y recursos. Para fomentar el aprendizaje, el alumno debe adquirir un papel participativo en la presentación.

Una vez que se ha introducido el campo en cuestión y que se cuenta con las herramientas básicas para poder hacer frente a un encargo profesional, es necesario profundizar en la herramienta con la que se va a trabajar, en este caso es Déjà Vu. El alumno cuenta con un vídeo de aproximadamente 20 minutos en la plataforma en línea. Igualmente la ayuda en línea de este programa es muy útil y ofrece toda la información necesaria para llevar a cabo un trabajo de traducción. Para algún ejercicio se seguirá usando OmegaT, que se había introducido en el bloque de traducción técnica.

Con esta introducción al campo temático y la herramienta que se va a utilizar, es posible empezar a trabajar en tareas que permitan el desarrollo de la competencia traductora.

<table>
<tr><td>N.°: 1</td><td colspan="2">Nombre de la tarea: Traducción de un glosario y creación de base de datos terminológica</td></tr>
<tr><td colspan="2">Dinámica: grupos</td><td>Modalidad: presencial</td></tr>
<tr><td colspan="2">Objetivos:
- Llevar a cabo encargos terminológicos.
- Ofrecer un producto final traducido de calidad.
- Manejar herramientas TAO.
- Documentarse de manera adecuada.
- Crear bases de datos terminológicas.</td><td>Materiales:
- Ordenador con programas de edición de textos, correo electrónico, OmegaT.
- Diccionarios económicos.</td></tr>
</table>

Desarrollo de la actividad

1. El alumno recibe un correo electrónico de petición de un trabajo. El trabajo consiste en la traducción del glosario de términos económicos.
2. La tarea consiste en traducir y revisar el glosario y crear una base de datos terminológica. Para ello se dividirán a partes iguales los términos entre todos los miembros de la clase o en grupos. Se debe utilizar OmegaT.
3. Una vez finalizada la tarea, se deberá entregar el glosario traducido en Excel y la base de datos terminológica. Para poder identificar los archivos, se debe seguir esta nomenclatura al nombrar el archivo comprimido: Apellidos_Nombre_1. Traducción de un glosario.
4. Para finalizar la tarea, en clase se comentarán las principales dificultades surgidas durante el proceso de trabajo y en relación con el producto final de la traducción.

N.º: 2	**Nombre de la tarea:** Redacción de *queries*
Dinámica: individual	**Modalidad:** presencial
Objetivos: - Hacer frente a un encargo profesional de dificultad media-alta característico del campo económico. - Buscar terminología especializada y documentarse con rapidez. - Saber gestionar consultas de manera profesional. - Trabajar bajo la presión del tiempo.	**Materiales:** - Ordenador con programas de edición de textos, correo electrónico. - Diccionarios económicos.

Desarrollo de la actividad

1. El alumno recibe un correo electrónico de petición de un trabajo. El trabajo consiste en la traducción de un texto de naturaleza económica de dificultad media-alta.
2. El cliente solicita que, en primer lugar, se realice una lectura para detectar aquellas cuestiones que puedan originar dudas durante la traducción.
3. El alumno debe, por tanto, leer el documento y redactar en la plantilla de consultas aquellos aspectos que pueden suscitar dudas durante el proceso de traducción. Es recomendable que el profesor exponga un ejemplo para dar pautas sobre la redacción de consultas de manera profesional.
4. Se debe entregar en un archivo comprimido cuyo nombre sea Apellidos_Nombre_2. Redacción de queries.
5. Para finalizar la tarea, en clase se comentarán las principales dificultades surgidas durante el proceso de trabajo.

N.º: 3	**Nombre de la tarea:** Traducción de un comunicado de prensa sobre economía
Dinámica: individual	**Modalidad:** semipresencial
Objetivos: - Hacer frente a un encargo profesional de dificultad media característico del campo económico. - Ofrecer un producto final traducido y revisado de calidad. - Manejar herramientas TAO. - Documentarse de manera adecuada. - Llevar a cabo tareas propias de la gestión de proyectos.	**Materiales:** - Ordenador con programas de edición de textos, correo electrónico, Déjà Vu y alguna herramienta de control de calidad. - Diccionarios económicos.

Desarrollo de la actividad

1. El alumno recibe un correo electrónico de petición de un trabajo. El trabajo consiste en la traducción de un comunicado de prensa sobre asuntos económicos. Se pide que la tarea se realice con Déjà Vu.
2. Hay una memoria de traducción. Sin embargo, se pide la revisión de los segmentos 100 % que contenga la memoria porque presentan errores e incoherencias. La tarea consiste, por tanto, en traducir los segmentos nuevos y en revisar los segmentos 100 % procedentes de la memoria. Una vez revisado y traducido el documento, este deberá ser coherente y no contener errores.
3. Una vez finalizada la tarea, se deberá entregar al cliente (en nuestro caso, el profesor) un archivo comprimido que contenga:
   - ✓ Versión traducida y revisada con archivo sucio y limpio.
   - ✓ Informe de control de calidad libre de errores realizado con alguna herramienta general o la propia de Déjà Vu.
   - ✓ Memoria de traducción en formato .tmx con la traducción final que se le ha dado a cada segmento.

   Todos estos archivos se deberán entregar en un archivo comprimido cuyo nombre responda a la siguiente nomenclatura: Apellidos_Nombre_3. Comunicado de prensa.

4. Para finalizar la tarea, en clase se comentarán los errores o dificultades más importantes tanto durante el proceso de trabajo como en el producto final de la traducción y revisión.

<table>
<tr><td>N.º: 4</td><td colspan="2">Nombre de la tarea: LQI de traducción de una hoja informativa sobre una cuenta corriente</td></tr>
<tr><td colspan="2">Dinámica: individual</td><td>Modaliadad: semipresencial</td></tr>
<tr><td colspan="2">Objetivos:
- Hacer frente a un encargo profesional de dificultad media-alta característico del campo financiero.
- Ofrecer un producto final traducido y revisado de calidad.
- Realizar una revisión profesional según los estándares del sector.
- Documentarse de manera adecuada.</td><td>Materiales:
- Ordenador con programas de edición de textos, correo electrónico.
- Diccionarios económicos.</td></tr>
</table>

Desarrollo de la actividad

1. Los alumnos reciben un correo electrónico de petición de un trabajo. El trabajo consiste en realizar un LQI (*linguistic quality inspection*) a la traducción de una hoja informativa sobre una cuenta corriente en un banco determinado.
2. En primer lugar, el profesor debe explicar cómo se suelen rellenar los informes de LQI y qué normas se siguen.
3. Se deberá entregar la versión revisada con control de cambios y el informe de LQI. Todos estos archivos se deberán entregar en un archivo comprimido cuyo nombre responda a la siguiente nomenclatura: Apellidos_Nombre_4. LQI cuenta corriente.
4. Para finalizar la tarea, en clase se comentarán los errores o dificultades más importantes tanto durante el proceso de trabajo como en el producto final de la traducción y revisión.

<table>
<tr><td>N.º: 5</td><td colspan="2">Nombre de la tarea: Traducción de un informe financiero</td></tr>
<tr><td colspan="2">Dinámica: en parejas</td><td>Modalidad: a distancia</td></tr>
<tr><td colspan="2">Objetivos:
- Hacer frente a un encargo profesional de dificultad alta característico del campo económico.
- Ofrecer un producto final traducido y revisado de calidad.
- Manejar herramientas TAO.
- Llevar a cabo encargos terminológicos.
- Documentarse de manera adecuada.
- Realizar tareas propias de la gestión de proyectos.</td><td>Materiales:
- Ordenador con programas de edición de textos, correo electrónico, Déjà Vu y alguna herramienta de control de calidad.
- Diccionarios económicos.</td></tr>
</table>

Desarrollo de la actividad

1. El alumno recibe un correo electrónico de petición de un trabajo. El trabajo consiste en la traducción de un informe financiero.
2. El cliente solicita, en primer lugar, un presupuesto que el alumno deberá elaborar. Se pide que la tarea se realice con Déjà Vu. No hay memoria de traducción, se deberá utilizar una nueva.
3. Una vez aprobado el presupuesto, la tarea consiste en traducir y revisar el texto en cuestión.
4. La traducción se deberá realizar por parejas. Una vez finalizada, se deben poner en común y se deberá entregar una versión traducida y otra revisada. Se recomienda utilizar las funciones del programa para aprovechar el contenido traducido del compañero.
5. Una vez finalizada la tarea, se deberá entregar al cliente (en nuestro caso, el profesor) un archivo comprimido que contenga:
   - ✓ Versión traducida con archivo sucio y limpio.
   - ✓ Versión revisada con archivo sucio y limpio.
   - ✓ Informe de control de calidad libre de errores.

- ✓ Memoria de traducción en formato .tmx que se ha creado para nuestro trabajo con la traducción final que se le ha dado a cada segmento.
- ✓ Factura del trabajo.

Para poder identificar los archivos, se debe seguir esta nomenclatura al nombrar el archivo comprimido: Apellidos_Nombre_5. Informe financiero.

6. Para finalizar la tarea, en clase se comentarán las principales dificultades surgidas durante el proceso de trabajo y en relación con el producto final de la traducción.

2.5.4. Unidad didáctica *Traducción biosanitaria*

Introducción a la traducción biosanitaria

Vídeo de Trados Studio

1. Traducción boletines informativos
2. LSO de instrucciones de uso de un dispositivo médico
3. Traducción de plantillas EMA
4. Posedición descripción productos de belleza
5. Traducción de prospectos

Como en el resto de unidades didácticas, una introducción temática, en este caso a la traducción biosanitaria, por parte del profesor constituirá la primera actividad de este bloque. Aunque se empezará haciendo referencia a la traducción científica, el relevante papel que adquieren los textos biosanitarios en este ámbito nos obliga a centrarnos en él como uno de los campos de especialización. Se verán cuáles son las especialidades más comunes en este tipo de traducción, los géneros con los que se suele trabajar y dificultades y problemas propios de estos tipos de textos. Asimismo, se le proporcionará al estudiante posibles herramientas y recursos para poder hacer frente a los encargos profesionales más propios de este tipo de traducción. Para ello, es imprescindible realizar una introducción al mercado laboral. Como en otras unidades, el alumno debe adquirir un papel participativo en la presentación.

Tras toda esta introducción y para poder hacer frente a un encargo profesional, es necesario conocer la herramienta con la que se va a trabajar, en este caso es Trados Studio. En la plataforma en línea, el alumno podrá encontrar un vídeo de aproximadamente 20 minutos en el que se muestra el funcionamiento básico de la herramienta. Igualmente la ayuda en línea de este programa se convierte en un recurso de consulta accesible y ofrece toda la información necesaria para llevar a cabo un trabajo de traducción.

Con estas pinceladas básicas en torno al campo temático y la herramienta que se va a utilizar, es posible empezar a trabajar en tareas que permitan el desarrollo de la competencia traductora.

N.º: 1	**Nombre de la tarea:** Traducción de un boletín informativo
Dinámica: en parejas	**Modalidad:** semipresencial
Objetivos: - Hacer frente a un encargo profesional de dificultad media característico del campo médico. - Ofrecer un producto final traducido y revisado de calidad. - Realizar implementaciones de cambios. - Manejar herramientas TAO. - Documentarse de manera adecuada. - Llevar a cabo tareas de gestión de proyectos.	**Materiales:** - Ordenador con programas de edición de textos, correo electrónico, Trados Studio y alguna herramienta de control de calidad. - Diccionarios médicos.

Desarrollo de la actividad

1. En esta tarea el alumno llevará a cabo dos funciones, la de gestor de proyectos y la de traductor autónomo. Los textos con los que se trabajarán serán boletines informativos sobre enfermedades dirigidos a los pacientes o lectores interesados por la enfermedad tratada. Se trabajará con Trados Studio.
2. Por parejas se distribuirán dos textos, uno por alumno. El texto que recibe cada uno de ellos va a constituir el encargo que tienen que lanzar a su compañero. Por tanto, la primera tarea que tienen que realizar es actuar como jefes de proyecto, analizarlo todo, preparar el material para trabajar con la herramienta y enviar el correo de lanzamiento con todas las instrucciones que consideren pertinentes al compañero que actúa como traductor autónomo.
3. Una vez que el compañero ha recibido la tarea, deberá traducir el texto en cuestión, remitiendo cualquier duda a su jefe de proyectos con un formulario de consultas específico.
4. Una vez finalizada la traducción, se deberá hacer la entrega al jefe de proyectos para que este realice la revisión.

5. El jefe de proyectos llevará a cabo la revisión con el control de cambios de Studio y se lo remitirá al traductor para que acepte/rechace los cambios.
6. Una vez implementados los cambios de la revisión, el traductor generará un archivo limpio sin errores.
7. La entrega deberá contener el archivo traducido inicialmente, el archivo tras la revisión con el nombre del revisor y el archivo limpio final. Se deberá entregar comprimido con el nombre Apellidos_Nombre_1. Boletines informativos.
8. Para finalizar la tarea, en clase se comentarán los errores y dificultades más importantes tanto durante el proceso de trabajo como en el producto final de la traducción.

N.º: 2	**Nombre de la tarea:** LSO de instrucciones de uso de un dispositivo médico
Dinámica: individual	**Modalidad:** presencial
Objetivos: - Ofrecer un producto final traducido y revisado de calidad. - Realizar tareas complementarias a la traducción. - Detectar problemas de maquetación y saber solucionarlos. - Saber utilizar un lenguaje adecuado para la comunicación profesional.	**Materiales:** - Ordenador con programas de edición de textos, correo electrónico y editor de archivos .pdf.

Desarrollo de la actividad

1. El alumno recibe un correo electrónico de petición de un trabajo. El trabajo consiste en realizar un *linguistic sign-off* (LSO) de un texto que ha sido traducido previamente.
2. En clase se explicarán los conceptos básicos de este proceso y se darán las pautas sobre cómo realizar la tarea.
3. El alumno deberá realizar el LSO comparando archivo original y traducido y anotar aquellas cuestiones que se deban corregir en la maquetación final.
4. La entrega deberá contener el archivo .pdf comentado. Se debe comprimir este archivo y seguir esta nomenclatura a la hora de entregar: Apellidos_Nombre_2. LSO.
5. Para finalizar la tarea, en clase se comentarán las dificultades y los errores más importantes tanto durante el proceso de trabajo como en el producto final.

<table>
<tr><td>N.º: 3</td><td colspan="2">Nombre de la tarea: Traducción de textos con plantilla EMA</td></tr>
<tr><td colspan="2">Dinámica: individual</td><td>Modalidad: semipresencial</td></tr>
<tr><td colspan="2">Objetivos:
- Hacer frente a un encargo profesional de dificultad alta característico del campo médico.
- Ofrecer un producto final traducido y revisado de calidad.
- Manejar herramientas TAO.
- Documentarse de manera adecuada.
- Aplicar instrucciones y referencias específicas de un proyecto.</td><td>Materiales:
- Ordenador con programas de edición de textos, correo electrónico, Trados Studio y alguna herramienta de control de calidad.
- Diccionarios médicos.</td></tr>
</table>

Desarrollo de la actividad

1. Los alumnos reciben un correo electrónico de petición de un trabajo. El trabajo consiste en la traducción de un resumen de características de un medicamento.
2. El cliente quiere que se trabaje con Trados Studio. No proporciona memoria de traducción, pero sí unas plantillas estándares de la Agencia Europea del Medicamento, aplicable a estos documentos.
3. En clase se tratarán las características especiales de estas plantillas, las referencias proporcionadas por la EMA y su aplicación a la traducción médica. En conjunto se analizará la forma de sacar rentabilidad al proyecto sin tener que buscar constantemente la traducción en las plantillas y garantizar la coherencia y calidad final del producto. Una opción es alinear las plantillas EMA.
4. Una vez finalizada la traducción, se debe entregar siguiendo esta nomenclatura en el archivo comprimido: Apellidos_Nombre_3. Plantillas EMA.
5. Se comentarán en clase los errores más importantes tanto durante el proceso de trabajo como en el producto final de la traducción.

N.º: 4	**Nombre de la tarea:** Posedición de la descripción de productos de belleza
Dinámica: en parejas	**Modalidad:** semipresencial
Objetivos: - Hacer frente a un encargo profesional de dificultad media característico del campo científico. - Ofrecer un producto final traducido y revisado de calidad. - Manejar herramientas TAO. - Llevar a cabo posediciones de traducciones automáticas.	**Materiales:** - Ordenador con programas de edición de textos, correo electrónico, Trados Studio y alguna herramienta de control de calidad. - Diccionarios científicos.

Desarrollo de la actividad

1. El alumno recibe un correo electrónico de petición de un trabajo. El trabajo consiste en la posedición de la descripción de productos de belleza.
2. El cliente quiere que se revise la traducción ofrecida por el traductor automático Google Translate en Trados Studio. Para trabajar es necesario conectarse al servidor de Google desde Configuración del proyecto.
3. Hay dos textos diferentes, uno para cada miembro de la pareja. Las traducciones las deberán realizar por separado. Una vez finalizada, se debe intercambiar dicha traducción con el compañero para que este realice la revisión.
4. Se deberá entregar al cliente (en nuestro caso, el profesor) un archivo comprimido que contenga:
   - ✓ Versión poseditada con archivo sucio y limpio de los dos textos.
   - ✓ Versión revisada con archivo sucio y limpio de los dos textos. Se debe incluir el nombre del compañero que ha realizado la revisión.
   - ✓ Informe de control de calidad libre de errores realizado con alguna herramienta general o la propia de Trados Studio.
   - ✓ Memoria de traducción en formato .tmx que se ha creado para nuestro trabajo con la traducción final que se le ha dado a cada segmento.

- ✓ Para poder identificar los archivos, se debe seguir esta nomenclatura al nombrar el archivo comprimido: Apellidos_Nombre_4. Posedición productos de belleza.

5. Para finalizar la tarea, en clase se comentarán las dificultades y los errores más importantes tanto durante el proceso de trabajo como en el producto final de la traducción.

<table>
<tr><td>N.º: 5</td><td colspan="2">Nombre de la tarea: Traducción de un prospecto</td></tr>
<tr><td colspan="2">Dinámica: individual</td><td>Modalidad: a distancia</td></tr>
<tr><td colspan="2">Objetivos:
- Hacer frente a un encargo profesional de dificultad alta característico del campo médico.
- Ofrecer un producto final traducido y revisado de calidad.
- Manejar herramientas TAO.
- Llevar a cabo encargos terminológicos.
- Documentarse de manera adecuada.
- Realizar tareas propias de la gestión de proyectos.</td><td>Materiales:
- Ordenador con programas de edición de textos, correo electrónico, Trados Studio y alguna herramienta de control de calidad.
- Diccionarios médicos.</td></tr>
</table>

Desarrollo de la actividad

1. El alumno recibe un correo electrónico de petición de un trabajo. El trabajo consiste en la traducción de un prospecto.
2. El cliente solicita, en primer lugar, un presupuesto que el alumno deberá elaborar. Se pide que la tarea se realice con Trados Studio. No hay memoria de traducción, se deberá utilizar una nueva.
3. Una vez aprobado el presupuesto, la tarea consiste en traducir y revisar el texto en cuestión y elaborar un glosario en Excel con los términos más importantes.
4. La traducción la deberá realizar cada alumno por separado. Una vez finalizada, él mismo llevará a cabo la revisión de su propio archivo y deberá entregar una versión traducida y otra revisada.
5. Una vez finalizada la tarea, se deberá entregar al cliente (en nuestro caso, el profesor) un archivo comprimido que contenga:
   - ✓ Versión traducida con archivo sucio y limpio.
   - ✓ Versión revisada con archivo sucio y limpio. El archivo limpio debe estar correctamente maquetado.
   - ✓ Glosario traducido.
   - ✓ Informe de control de calidad libre de errores.

- ✓ Memoria de traducción en formato .tmx que se ha creado para nuestro trabajo con la traducción final que se le ha dado a cada segmento.
- ✓ Factura del trabajo.

El archivo comprimido debe llamarse: Apellidos_Nombre_5. Prospecto.

6. Para finalizar la tarea, en clase se comentarán las principales dificultades surgidas durante el proceso de trabajo y en relación con el producto final de la traducción.

2.5.5. Unidad didáctica *Traducción jurídica*

Introducción a la traducción jurídica

Vídeo de MemoQ

1. Traducción de un título académico
2. Creación de una base de datos de textos jurídicos
3. Traducción de un contrato alquiler
4. Posedición de un testamento
5. Traducción de una sentencia

Como en el resto de unidades didácticas, la primera actividad de este bloque consistirá en una introducción a la traducción jurídica por parte del profesor. Se abordarán los géneros con los que se suele trabajar, características textuales y dificultades y problemas propios de este tipo de textos. Asimismo, se introducirá al estudiante al mercado que más demanda este tipo de traducción y se le proporcionará posibles herramientas y recursos. Un lugar especial ocupa la traducción jurada y sus peculiaridades. Como indicábamos, el alumno debe adquirir un papel participativo en la presentación.

Una vez que se ha realizado la introducción al campo y que se han proporcionado las herramientas básicas para poder hacer frente a un encargo profesional, es necesario conocer la herramienta con la que se va a trabajar, en este caso es MemoQ. El alumno cuenta con un vídeo de aproximadamente 20 minutos en la plataforma en línea. Igualmente la ayuda en línea de este programa es muy básica y ofrece toda la información necesaria para llevar a cabo un trabajo de traducción.

Con estas pinceladas básicas en torno al campo temático y la herramienta que se va a utilizar, es posible empezar a trabajar en tareas que permitan el desarrollo de la competencia traductora.

<table>
<tr><td>N.º: 1</td><td colspan="2">Nombre de la tarea: Traducción de un título académico</td></tr>
<tr><td colspan="2">Dinámica: individual</td><td>Modalidad: presencial</td></tr>
<tr><td colspan="2">Objetivos:
- Hacer frente a un encargo profesional de dificultad media característico del campo jurídico.
- Ofrecer un producto final traducido y revisado de calidad.
- Documentarse de manera adecuada.
- Realizar traducciones juradas.</td><td>Materiales:
- Ordenador con programas de edición de textos, correo electrónico y alguna herramienta de control de calidad.
- Diccionarios jurídicos.</td></tr>
</table>

Desarrollo de la actividad

1. El alumno recibe un correo electrónico de petición de un trabajo. El trabajo consiste en la traducción de un título académico. Se requiere una traducción jurada al español.
2. En clase se verán los aspectos que un traductor jurado debe conocer para ofrecer un producto final válido como traducción jurada y qué procesos son los más comunes.
3. El cliente solicita, en primer lugar, un presupuesto que el alumno deberá elaborar.
4. Una vez aprobado el presupuesto, la tarea consiste en traducir, revisar y jurar el documento. La traducción la deberá realizar cada alumno por separado.
5. Una vez finalizada, se debe intercambiar dicha traducción con un compañero para que este realice la revisión.
6. Se deberá entregar el archivo traducido y el archivo revisado por el compañero, con el nombre de este. Todo ello deberá estar en un archivo comprimido con el nombre Apellidos_Nombre_1. Título académico.
7. Para finalizar la tarea, en clase se comentarán los errores y las dificultades más importantes tanto durante el proceso de trabajo como en el producto final de la traducción.

<table>
<tr><td>N.º: 2</td><td colspan="2">Nombre de la tarea: Creación de una base de datos de textos jurídicos</td></tr>
<tr><td colspan="2">Dinámica: individual</td><td>Modalidad: semipresencial</td></tr>
<tr><td colspan="2">Objetivos:
- Documentarse de manera adecuada.
- Manejar herramientas de documentación.
- Crear bases de datos de textos paralelos.
- Conocer el mercado propio del sector.</td><td>Materiales:
- Ordenador con programas de edición de textos, correo electrónico, conexión a internet.
- Diccionarios jurídicos.
- Bibliografía jurídica</td></tr>
</table>

Desarrollo de la actividad

1. El alumno deberá realizar una pequeña investigación sobre los textos jurídicos que más se suelen traducir en el mercado.
2. A partir de esta investigación, realizará un rastreo documental para conseguir textos representativos del mercado con el fin de poseer modelos o plantillas en los que basarse a la hora de realizar futuros encargos. Se debe valorar la calidad documental de los documentos encontrados.
3. Si se encuentra la versión original y la traducción, se podrán alinear los documentos para crear una memoria de traducción.
4. El alumno deberá entregar la pequeña base de datos recopilada organizada de forma coherente y el tmx, en caso de que se haya podido crear. Todo ello se debe incluir en un comprimido cuyo nombre siga la siguiente nomenclatura: Apellidos_Nombre_2. Base de datos. Otra opción sería compartir estos contenidos a través de un campus virtual.

<table>
<tr><td>N.º: 3</td><td colspan="2">Nombre de la tarea: Traducción de un contrato de alquiler de vivienda</td></tr>
<tr><td colspan="2">Dinámica: individual</td><td>Modalidad: a distancia</td></tr>
<tr><td colspan="2">Objetivos:
- Hacer frente a un encargo profesional de dificultad media característico del campo jurídico.
- Ofrecer un producto final traducido y revisado de calidad.
- Manejar herramientas TAO.
- Llevar a cabo encargos terminológicos.
- Documentarse de manera adecuada.
- Realizar tareas propias de la gestión de proyectos.</td><td>Materiales:
- Ordenador con programas de edición de textos, correo electrónico, MemoQ y alguna herramienta de control de calidad.
- Diccionarios jurídicos.</td></tr>
</table>

Desarrollo de la actividad

1. El alumno recibe un correo electrónico de petición de un trabajo. El trabajo consiste en la traducción de un contrato de alquiler de una vivienda.
2. El cliente solicita, en primer lugar, un presupuesto que el alumno deberá elaborar. Se pide que la tarea se realice con MemoQ. No hay memoria de traducción, se deberá utilizar una nueva.
3. Una vez aprobado el presupuesto, la tarea consiste en traducir y revisar el texto en cuestión y elaborar un glosario con los términos más importantes.
4. La traducción la deberá realizar cada alumno por separado. Una vez finalizada, él mismo llevará a cabo la revisión de su propio archivo y deberá entregar una versión traducida y otra revisada.
5. Una vez finalizada la tarea, se deberá entregar al cliente (en nuestro caso, el profesor) un archivo comprimido que contenga:
   - ✓ Versión traducida con archivo sucio y limpio.
   - ✓ Versión revisada con archivo sucio y limpio. El archivo limpio debe estar correctamente maquetado.
   - ✓ Glosario traducido.
   - ✓ Informe de control de calidad libre de errores.

- ✓ Memoria de traducción en formato .tmx que se ha creado para nuestro trabajo con la traducción final que se le ha dado a cada segmento.
- ✓ Factura del trabajo.

Todos estos archivos se deberán entregar en un comprimido nombrado Apellidos_Nombre_3. Contrato alquiler.

6. Para finalizar la tarea, en clase se comentarán las principales dificultades surgidas durante el proceso de trabajo y en relación con el producto final de la traducción.

N.º: 4	**Nombre de la tarea:** Posedición de un testamento
Dinámica: individual	**Modalidad:** semipresencial
Objetivos: - Hacer frente a un encargo profesional de dificultad media-alta característico del campo jurídico. - Ofrecer un producto final traducido y revisado de calidad. - Llevar a cabo posediciones de traducciones automáticas. - Manejar herramientas TAO. - Documentarse de manera adecuada.	**Materiales:** - Ordenador con programas de edición de textos, correo electrónico, MemoQ y alguna herramienta de control de calidad. - Diccionarios jurídicos.

Desarrollo de la actividad

1. El alumno recibe un correo electrónico de petición de un trabajo. El trabajo consiste en la posedición de un testamento.
2. El cliente quiere que se revise la traducción ofrecida por el traductor automático y se edite para adaptarla a las peculiaridades de estos textos en la lengua de llegada utilizando MemoQ.
3. Una vez finalizada la tarea, se deberá entregar al cliente (en nuestro caso, el profesor) un archivo comprimido que contenga el archivo limpio y sucio poseditado. El comprimido se debe nombrar siguiendo esta nomenclatura: Apellidos_Nombre_4. Posedición.
4. Para finalizar la tarea, en clase se comentarán los errores o dificultades más importantes tanto durante el proceso de trabajo como en el producto final de la traducción y revisión.

<table>
<tr><td>N.º: 5</td><td colspan="2">Nombre de la tarea: Traducción de una sentencia</td></tr>
<tr><td colspan="2">Dinámica: individual</td><td>Modalidad: a distancia</td></tr>
<tr><td colspan="2">Objetivos:
- Hacer frente a un encargo profesional de dificultad alta característico del campo jurídico.
- Ofrecer un producto final traducido y revisado de calidad.
- Manejar herramientas TAO.
- Llevar a cabo encargos terminológicos.
- Documentarse de manera adecuada.
- Realizar tareas propias de la gestión de proyectos.</td><td>Materiales:
- Ordenador con programas de edición de textos, correo electrónico, MemoQ y alguna herramienta de control de calidad.
- Diccionarios jurídicos.</td></tr>
</table>

Desarrollo de la actividad

1. El alumno recibe un correo electrónico de petición de un trabajo. El trabajo consiste en la traducción de una sentencia.
2. El cliente solicita, en primer lugar, un presupuesto que el alumno deberá elaborar. Se pide que la tarea se realice con MemoQ. No hay memoria de traducción, se deberá utilizar una nueva.
3. Una vez aprobado el presupuesto, la tarea consiste en traducir y revisar el texto en cuestión y elaborar un glosario con los términos más importantes.
4. La traducción la deberá realizar cada alumno por separado. Una vez finalizada, él mismo llevará a cabo la revisión de su propio archivo y deberá entregar una versión traducida y otra revisada.
5. Una vez finalizada la tarea, se deberá entregar al cliente (en nuestro caso, el profesor) un archivo comprimido que contenga:
   - ✓ Versión traducida con archivo sucio y limpio.
   - ✓ Versión revisada con archivo sucio y limpio.
   - ✓ Glosario traducido.
   - ✓ Informe de control de calidad libre de errores.

- ✓ Memoria de traducción en formato .tmx que se ha creado para nuestro trabajo con la traducción final que se le ha dado a cada segmento.
- ✓ Factura del trabajo.

Todo ello debe estar comprimido en un archivo que lleve como nombre Apellidos_Nombre_5. Sentencia.

6. Para finalizar la tarea, en clase se comentarán las principales dificultades surgidas durante el proceso de trabajo y en relación con el producto final de la traducción.

2.6. Medios

Los recursos o materiales didácticos caen con frecuencia en el olvido de aquellos que se encargan de elaborar propuestas didácticas, ya que se suele dar por hecho que el profesor seguirá un libro de texto o materiales elaborados personalmente para la materia en cuestión. Sin embargo, en nuestra propuesta, dado el enfoque socioconstructivista del que partimos, es imprescindible no solo tener en cuenta esos materiales utilizados para enseñar y aprender a traducir, sino también la propia aula y los medios de comunicación empleados. Así pues, en este apartado, abordamos las características del aula y las herramientas necesarias, los canales de comunicación empleados, los materiales y herramientas utilizados para aprender a traducir textos especializados y el material adicional proporcionado como apoyo para el aprendizaje.

Lo primero que tenemos que valorar es la existencia de un aula acondicionada a los tipos de trabajos que se van a realizar. Podríamos llevar a cabo las tareas en un aula de informática con equipos en los que los estudiantes puedan trabajar. No obstante, se aconseja el uso de portátiles personales en un aula con pupitres y conexión a internet, ya que de esta forma se facilita la movilidad del grupo y el trabajo conjunto entre alumnos y profesor. Asimismo, como el estudiante posiblemente tenga que instalar versiones de prueba de diferentes programas en el equipo, ya contará con ellas tanto en casa como en clase en su equipo personal, por lo que se evita tener que instalar los programas dos veces. En el caso de aquellos estudiantes que no tengan portátil o no puedan acceder a él (como, por ejemplo, a través del préstamo bibliotecario), también es posible optar por la opción mixta, es decir, los estudiantes que no tengan portátil podrán utilizar los equipos del aula de informática y el resto, sus propios ordenadores. En todo caso, es recomendable que el aula cuente con un proyector en el que poder reflejar diapositivas o material que consideremos pertinente.

En lo que concierne a los canales de comunicación, contamos con varias vías. Podemos utilizar el correo electrónico con el fin de dirigirnos al grupo y enviar encargos de traducción. No obstante, si se dispone de un campus virtual, las noticias publicadas por el profesor llegarán directamente a los alumnos. Asimismo, en el caso de que surjan preguntas generales, los estudiantes podrán exponerlas en el campus y así despejar dudas a todo el grupo. Se dispondría además de herramientas como los foros, chats, wikis o talleres que facilitarían el trabajo en grupo.

En lo que respecta a los textos, en un primer momento nos planteamos la posibilidad de utilizar textos de encargos reales. Sin embargo, por cuestiones de confidencialidad, esta opción resultaba casi imposible, ya que precisaríamos de una autorización previa por parte de los clientes para usar sus textos y sus referencias. Como muchos de los encargos provienen de empresas multinacionales, es bastante difícil conseguir dichos permisos, por lo que para evitar problemas de confidencialidad optamos por dejar a libre elección del docente la selección de los textos. Simplemente proponemos categorías de aquellos tipos de textos que pueden ser más comunes en la traducción de los diferentes campos. Un aspecto positivo de este enfoque es que la propuesta se podrá extrapolar a multitud de clases de traducción especializada, independientemente del idioma.

En lo que a herramientas de traducción asistida se refiere, en nuestra propuesta utilizamos dos herramientas gratuitas (Wordfast Anywhere y OmegaT) y tres herramientas de pago (Trados Studio, Déjà Vu y MemoQ) y, en el caso de que la universidad no cuente con licencias, se podrá utilizar la versión de prueba, ya que la mayoría ofrece el plazo de un mes. No obstante, son muchas las herramientas disponibles en el mercado, por lo que promovemos el uso de cualquiera de ellas en el aula: Star Transit, Translation Workspace, Memsource, across, Anaphraseus, Google Translation Toolkit, entre otras muchas.

Por último, encontramos el material de apoyo que hemos elaborado para guiar al estudiante a lo largo de su aprendizaje. Así tenemos diapositivas, vídeos, textos, hojas de rutas y material de formación general para los traductores. Todo este material se encuentra disponible en la plataforma que presentamos a continuación y ayudará a completar los ejercicios de manera satisfactoria.

2.6.1. Plataforma

Uno de nuestros principales pilares ha sido la plataforma que hemos creado específicamente para el desarrollo de las materias de aplicación de nuestra propuesta didáctica. Para su consulta aconsejamos principalmente el uso de Google Chrome. En esta plataforma, titulada *Traducción especializada DE-ES*, intentamos reflejar los principios básicos expuestos anteriormente. En ella se refleja el diseño y los procedimientos metodológicos de las asignaturas y pretende ser una herramienta de ayuda a las clases presenciales y al trabajo en casa. Por tanto, al centrarse principalmente en la metodología, la descripción propia de los objetivos, contenidos y evaluación no se encuentra explícita en la plataforma, ya que el alumnado dispone de esta información a través de las programaciones docentes y del profesorado.

La primera página con la que se encuentra el usuario es la página de inicio.

Figura 13. Página de inicio de la plataforma en línea

En esta página se describen las características y objetivos de la plataforma y los principales bloques en los que esta se divide:

- Material didáctico: dentro de esta categoría se incluyen básicamente las páginas Recursos y diapositivas y Hojas de ruta y material, en las se podrá encontrar el material necesario para la clase y la realización de los distintos encargos que se llevarán a cabo a lo largo del curso.
- Recursos profesionales: a esta categoría pertenecen las páginas Vídeos de herramientas y La traducción en internet. Aunque la primera de ellas puede considerarse también como parte del material didáctico, creemos que constituye una herramienta de consulta interesante para profesionales que desconozcan el uso de determinadas herramientas. Por su parte, en la página

La traducción en internet se recogen diversos recursos relacionados con la traducción profesional y que consideramos imprescindibles.

- Herramientas de orientación profesional: el último bloque lo constituye la sección de orientación profesional en la que se abordan temas como las salidas profesionales y estudios de mercado, marketing, fiscalidad y contabilidad, y tarifas y ética profesional.

Veamos cada uno de estos bloques en más profundidad. En la página Recursos y diapositivas, el estudiante encontrará el material sobre el que se apoyará el profesor para impartir las clases. Para cada uno de los bloques temáticos que se abordarán a lo largo del curso, se ha elaborado una serie de diapositivas sobre las que se realizará una presentación teórica en clase y que consta básicamente de los mismos apartados en la mayoría de los casos: introducción al campo temático, características, dificultades y problemas, mercado, herramientas y recursos, y bibliografía. A estas diapositivas, se le podrá añadir cualquier otro material que en el desarrollo del curso se considere pertinente para el bloque en cuestión.

Figura 14. Página de recursos y diapositivas de la plataforma en línea

En la página Hojas de ruta y material, el alumno podrá encontrar el material organizado por bloques temáticos para llevar a cabo las distintas tareas. Se ha incluido un bloque de material general para todas las tareas, en el que se ha subido también el cuestionario de evaluación inicial.

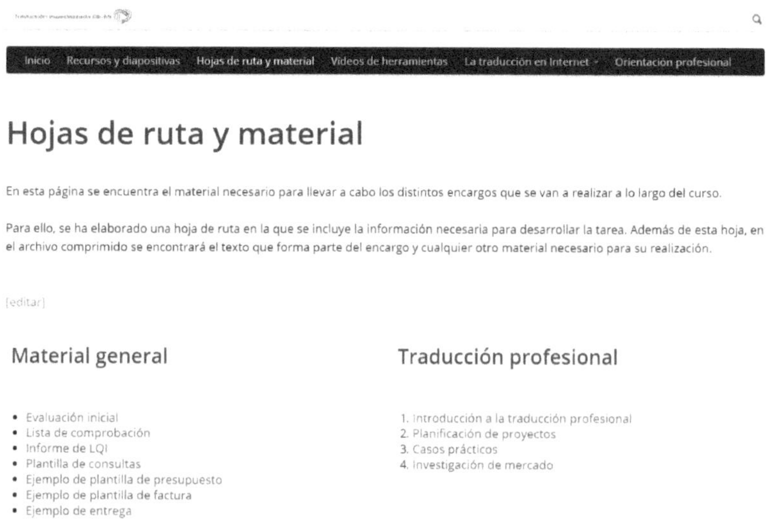

Figura 15. Página de hojas de ruta y material de la plataforma en línea

En la página Vídeos de herramientas, se han vinculado los vídeos introductorios para las distintas herramientas de traducción asistida que se emplearán a lo largo del curso. Con cada uno de ellos, pretendemos que el estudiante aprenda lo básico sobre el funcionamiento de una herramienta y pueda hacer frente a los requisitos informáticos que se exigen en un encargo profesional. Aunque no todos muestran la última versión de la herramienta, creemos que esto también es interesante para que los estudiantes se aventuren a conocer la herramienta poco a poco.

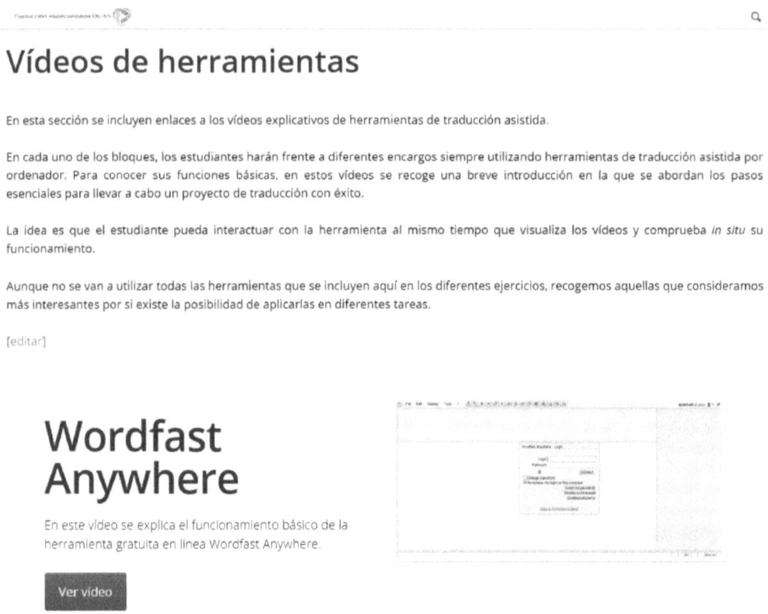

Figura 16. Página de vídeos de herramientas de la plataforma en línea

En la sección La traducción en internet, el alumno encontrará una serie de páginas con recursos interesantes para los traductores, ya que además de constituir una página de apoyo a la docencia, otro de los objetivos principales de nuestra plataforma es facilitar la orientación laboral. Aunque se ha creado una página específica para este fin, la información de este bloque también está orientada a proporcionar recursos imprescindibles para todo traductor especializado.

Noticias (*tuits* interesantes sobre herramientas, prácticas, entradas de blogs, etc.):

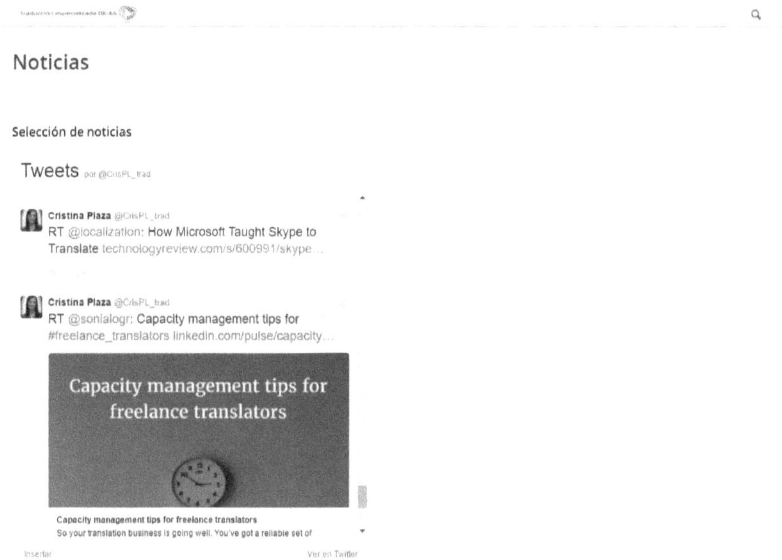

Figura 17. Página de noticias enlazada a Twitter de la plataforma en línea

Enlaces a asociaciones de profesionales:

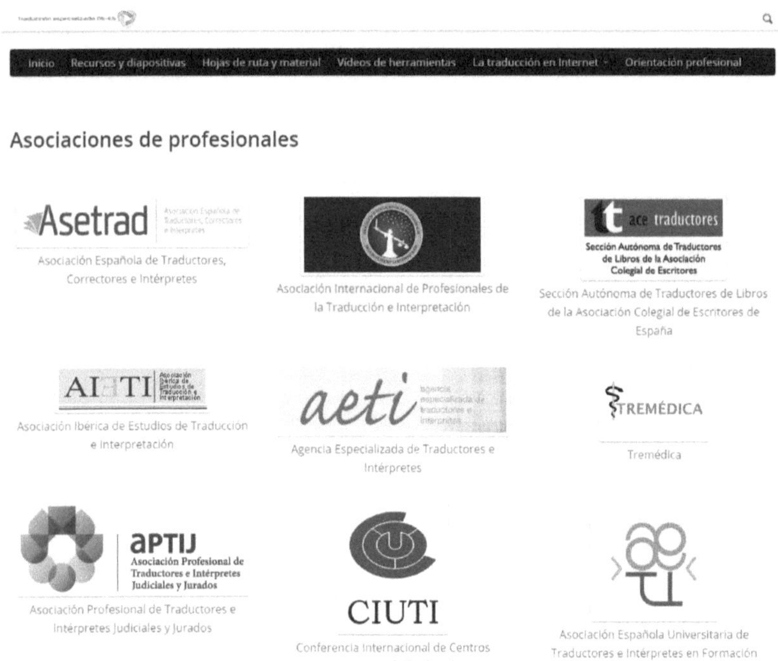

Figura 18. Página de asociaciones de profesionales de la plataforma en línea

Herramientas necesarias para la traducción profesional:

Figura 19. Página de herramientas informáticas de la plataforma en línea

Portales de información/formación:

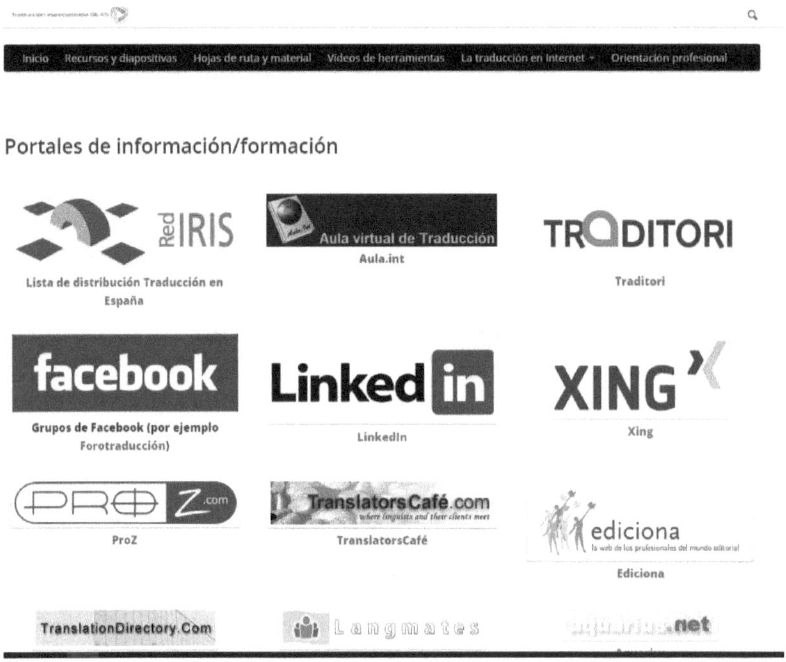

Figura 20. Página de portales de información/formación de la plataforma en línea

En relación con la orientación laboral, se han creado una serie de páginas con información que consideramos de relevancia sobre la profesión: glosario de términos, estudios de mercado y salidas profesionales, marketing, fiscalidad y contabilidad, tarifas y ética profesional.

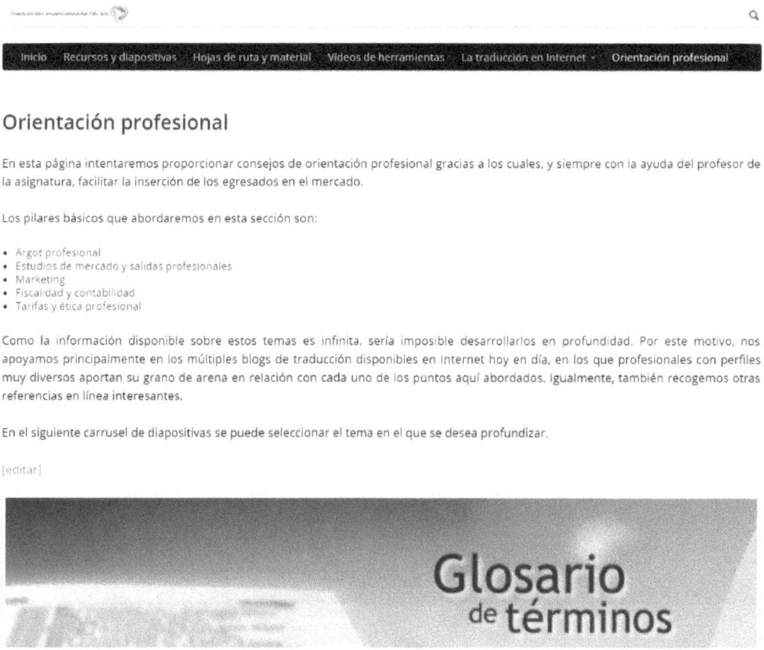

Figura 21. Página de orientación profesional de la plataforma en línea

En el visor de diapositivas que se ha creado con diferentes imágenes, el alumno podrá ver los distintos temas que componen este bloque y consultar aquellos que le interesen.

En primer lugar, se encontrará un glosario con términos relacionados con la profesión, y concretamente con la traducción especializada multilingüe y el sector de la localización, que puedan resultar desconocidos para aquellos no iniciados en el sector.

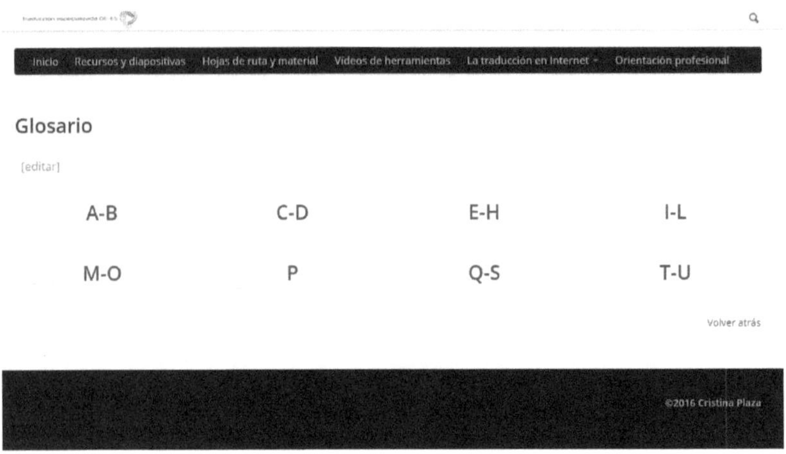

Figura 22. Página del glosario de la plataforma en línea

Figura 23. Página del glosario en la letra A de la plataforma en línea

La segunda sección de este bloque la constituye la página Estudios de mercado y salidas profesionales. Ofrece una serie de referencias imprescindibles sobre el mercado y la profesión. Dichas referencias junto con la orientación del profesor permitirán al estudiantado hacerse una idea del mundo profesional que les espera al finalizar sus estudios.

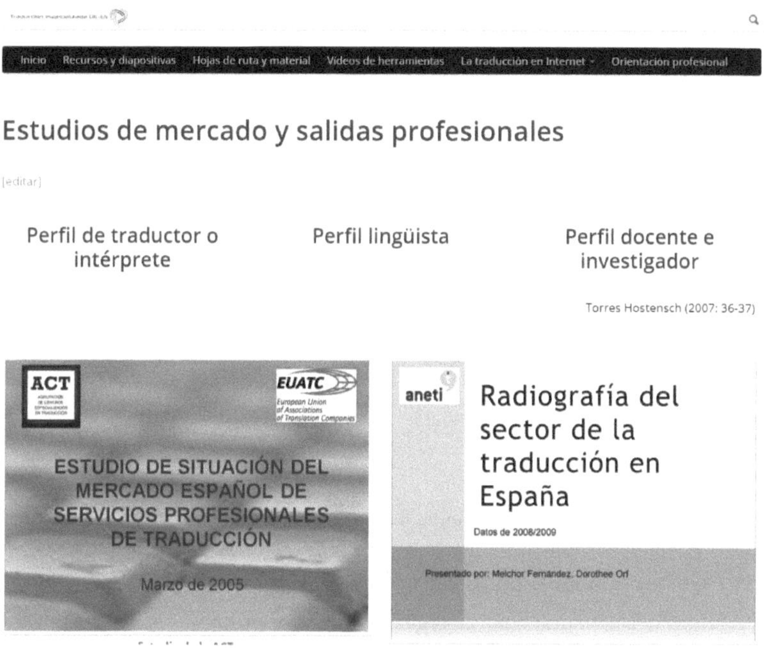

Figura 24. Página de estudios de mercado y salidas profesionales de la plataforma en línea

En la página relacionada con el marketing, se ha incluido información sobre el trabajo como autónomo o en plantilla, la elaboración del currículum vítae y la carta de presentación, la formación y la realización de prácticas, la visibilidad en internet y algunas estrategias de marketing. Buena parte de la información incluida en estas páginas se ha extraído de blogs de profesionales de la traducción, recursos que han proliferado en la última década de forma vertiginosa y que ofrecen una fuente de consulta interesantísima y creada por profesionales. Como indica Gloria Fiorani en su trabajo *El papel de los blogs en el oficio del traductor hispanohablante*, los blogs se han convertido en una «poderosa herramienta de comunicación y de difusión de información» (2012: 149).

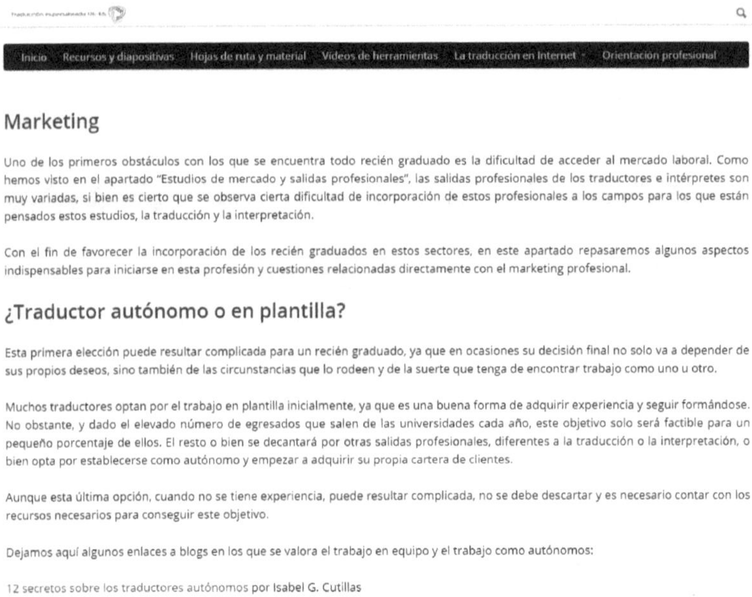

Inicio Recursos y diapositivas Hojas de ruta y material Vídeos de herramientas La traducción en Internet Orientación profesional

Marketing

Uno de los primeros obstáculos con los que se encuentra todo recién graduado es la dificultad de acceder al mercado laboral. Como hemos visto en el apartado "Estudios de mercado y salidas profesionales", las salidas profesionales de los traductores e intérpretes son muy variadas, si bien es cierto que se observa cierta dificultad de incorporación de estos profesionales a los campos para los que están pensados estos estudios, la traducción y la interpretación.

Con el fin de favorecer la incorporación de los recién graduados en estos sectores, en este apartado repasaremos algunos aspectos indispensables para iniciarse en esta profesión y cuestiones relacionadas directamente con el marketing profesional.

¿Traductor autónomo o en plantilla?

Esta primera elección puede resultar complicada para un recién graduado, ya que en ocasiones su decisión final no solo va a depender de sus propios deseos, sino también de las circunstancias que lo rodeen y de la suerte que tenga de encontrar trabajo como uno u otro.

Muchos traductores optan por el trabajo en plantilla inicialmente, ya que es una buena forma de adquirir experiencia y seguir formándose. No obstante, y dado el elevado número de egresados que salen de las universidades cada año, este objetivo solo será factible para un pequeño porcentaje de ellos. El resto o bien se decantará por otras salidas profesionales, diferentes a la traducción o la interpretación, o bien opta por establecerse como autónomo y empezar a adquirir su propia cartera de clientes.

Aunque esta última opción, cuando no se tiene experiencia, puede resultar complicada, no se debe descartar y es necesario contar con los recursos necesarios para conseguir este objetivo.

Dejamos aquí algunos enlaces a blogs en los que se valora el trabajo en equipo y el trabajo como autónomos:

12 secretos sobre los traductores autónomos por Isabel G. Cutillas

Figura 25. Página de marketing de la plataforma en línea

En la sección de contabilidad y fiscalidad se ofrece información sobre cuestiones relacionadas con el régimen de autónomos (uno de los perfiles más comunes entre los traductores) y consejos de contabilidad, rentabilidad y productividad, a fin de que al acabar sus estudios los discentes posean nociones básicas sobre cómo gestionar proyectos y su propia empresa. En este caso, volvemos a hacer referencia a blogs de profesionales en los que se aborda esta información.

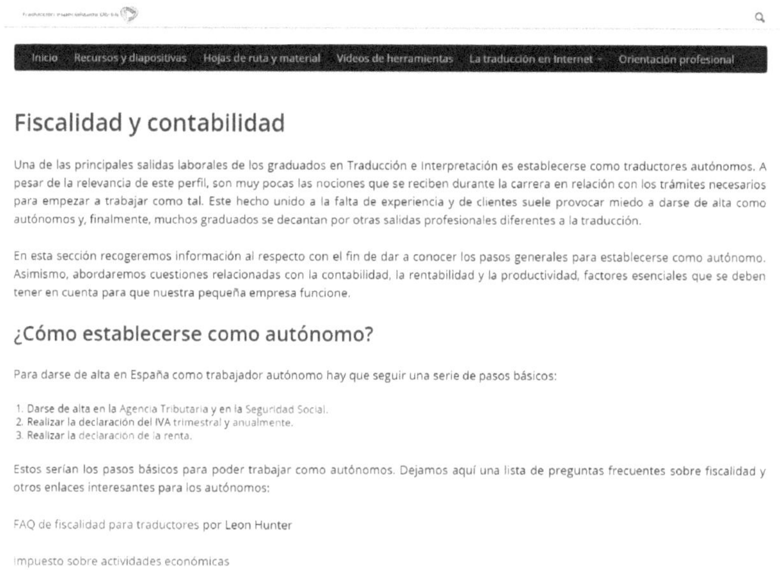

Figura 26. Página de fiscalidad y contabilidad de la plataforma en línea

Por último, en la página relacionada con las tarifas y la ética profesional se dan pinceladas sobre dos temas que pueden provocar eternos debates y sobre los que los estudiantes suelen tener pocas nociones al finalizar sus estudios. En esta página, volvemos a remitir a blogs de profesionales y páginas de organismos oficiales que abordan estos asuntos.

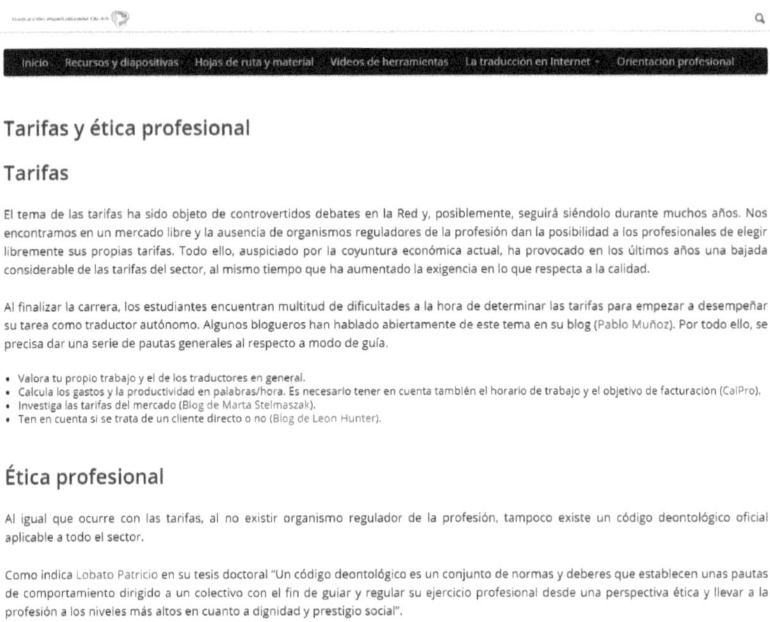

Inicio Recursos y diapositivas Hojas de ruta y material Vídeos de herramientas La traducción en Internet Orientación profesional

Tarifas y ética profesional

Tarifas

El tema de las tarifas ha sido objeto de controvertidos debates en la Red y, posiblemente, seguirá siéndolo durante muchos años. Nos encontramos en un mercado libre y la ausencia de organismos reguladores de la profesión dan la posibilidad a los profesionales de elegir libremente sus propias tarifas. Todo ello, auspiciado por la coyuntura económica actual, ha provocado en los últimos años una bajada considerable de las tarifas del sector, al mismo tiempo que ha aumentado la exigencia en lo que respecta a la calidad.

Al finalizar la carrera, los estudiantes encuentran multitud de dificultades a la hora de determinar las tarifas para empezar a desempeñar su tarea como traductor autónomo. Algunos blogueros han hablado abiertamente de este tema en su blog (Pablo Muñoz). Por todo ello, se precisa dar una serie de pautas generales al respecto a modo de guía.

- Valora tu propio trabajo y el de los traductores en general.
- Calcula los gastos y la productividad en palabras/hora. Es necesario tener en cuenta también el horario de trabajo y el objetivo de facturación (CalPro).
- Investiga las tarifas del mercado (Blog de Marta Stelmaszak).
- Ten en cuenta si se trata de un cliente directo o no (Blog de Leon Hunter).

Ética profesional

Al igual que ocurre con las tarifas, al no existir organismo regulador de la profesión, tampoco existe un código deontológico oficial aplicable a todo el sector.

Como indica Lobato Patricio en su tesis doctoral "Un código deontológico es un conjunto de normas y deberes que establecen unas pautas de comportamiento dirigido a un colectivo con el fin de guiar y regular su ejercicio profesional desde una perspectiva ética y llevar a la profesión a los niveles más altos en cuanto a dignidad y prestigio social".

Figura 27. Página de tarifas y ética profesional de la plataforma en línea

2.7. Evaluación

Aunque a veces no recibe la suficiente atención en las investigaciones sobre didáctica de la traducción, la evaluación constituye un pilar fundamental en toda programación didáctica, ya que a partir de ella podemos determinar la consecución o no de los objetivos establecidos inicialmente. De esta consecución depende el éxito de la propuesta y, por ende, el desarrollo de las competencias de los estudiantes.

Nuestra propuesta tiene como objetivo fomentar una evaluación formativa, global e integradora, gracias a la cual poder obtener una visión lo más completa posible del proceso de enseñanza-aprendizaje. Para ello, es preciso partir de los objetivos previstos de antemano, recoger datos, valorarlos y tomar decisiones sobre aquellas cuestiones que se deben mejorar. Con todo esto en mente, desde nuestra propuesta proponemos tres tipos de evaluación (inicial, formativa y sumativa), cada una de ellas para obtener datos diferentes.

Uno de los principales pilares de este trabajo ha sido integrar la traducción asistida por ordenador y aspectos profesionales en el proceso de enseñanza-aprendizaje de la traducción. Por este motivo, no nos podemos limitar solo al resultado de la traducción y los posibles errores de esta, sino que también se precisa evaluar el proceso de traducción y el propio proceso de enseñanza-aprendizaje.

a. Evaluación inicial

Con el fin de planificar el proceso de enseñanza-aprendizaje a lo largo del curso, el profesor debe conocer las necesidades e inquietudes del alumnado que va a cursar la asignatura. En nuestro caso, al tratarse de asignaturas de los últimos cursos de grado, el profesor se enfrenta a un grupo que ya cuenta con conocimientos previos sobre traducción y disciplinas afines, como pueden ser la documentación, la terminología o la informática. Además de disponer del temario de dichas asignaturas, la consulta y coordinación con profesores que han impartido clase a ese alumnado en años anteriores se hace imprescindible para conocer la base de la que se parte y no solapar contenidos.

No obstante, la trayectoria académica del estudiantado puede ser muy diversa y, aunque la mayoría accede a los estudios a través de la selectividad, puede ocurrir que haya estudiantes procedentes de grados de formación profesional, graduados de otras carreras, estudiantes que hayan accedido por las pruebas de acceso a mayores de 25 o 45 años y, por supuesto, estudiantes extranjeros. Por este motivo, realizamos un pequeño cuestionario inicial con preguntas sobre las lenguas de trabajo, estancias en el extranjero, experiencia profesional, trayectoria académica, intereses dentro de la traducción especializada, conocimientos informáticos, conceptos de la traducción profesional y una pequeña prueba de traducción. Este cuestionario se puede consultar en el anexo 3.

Por otro lado, en el primer bloque relacionado con la traducción profesional que abordaremos en el aula, se llevarán a cabo actividades que permitirán al profesor interaccionar con su alumnado y detectar intereses y posibles carencias. Así pues, se tantearán los conocimientos sobre el mercado de la traducción especializada, las agencias y empresas de traducción, los traductores autónomos, las herramientas que se utilizan, los perfiles profesionales y las tarifas, entre otras cuestiones. Para cerrar este bloque, se pedirá a cada estudiante que entregue un currículum vítae y una carta de presentación. Con todo ello, valoraremos los conocimientos iniciales del grupo y podremos determinar la base y los intereses de los que partimos.

b. Evaluación formativa

Nuestra propuesta didáctica se articula en torno a bloques temáticos en los que se proponen diferentes actividades, tareas y proyectos con el fin de desarrollar competencias en cada uno de los campos. Estas actividades constituyen el primer elemento evaluador del proceso de enseñanza-aprendizaje. Para que los estudiantes vayan progresando en todas las actividades que se realizan, es preciso proporcionarles *feedback* tras cada una de ellas. Además, la competencia instrumental, basada principalmente en procesos, se debe evaluar desde esta perspectiva con el fin de favorecer su adquisición.

Como parte de la evaluación formativa, para cada actividad proponemos una especie de portafolio y un diario reflexivo. En el primero se deberá incluir la tarea realizada inicialmente y una versión final en la que se hayan implementado los cambios pertinentes a partir de las correcciones y comentarios realizados en clase. La implementación de cambios permitirá asentar los conocimientos adquiridos. Por otro lado, el diario reflexivo del estudiante obligará en cierto modo a los alumnos a pensar sobre las principales dificultades y problemas con los que se han encontrado en la tarea y posibles soluciones para ir mejorando. De esta forma se favorece la evaluación formativa que, junto con la tutorización y las entrevistas con los estudiantes, garantizarán la evolución de estos a lo largo del curso. Además, como indicábamos, para el aprendizaje y la valoración de los conocimientos relacionados con la subcompetencia instrumental-profesional, la tutorización, el diario reflexivo y las entrevistas con los estudiantes desempeñan un papel fundamental, ya que permitirán identificar los principales escollos encontrados y poder solucionarlos en tareas posteriores.

Aunque en el párrafo anterior hablábamos de portafolio y de diario reflexivo como dos elementos diferentes, proponemos que se realice como un único ejercicio. Igualmente, aunque creemos que lo más interesante es realizarlo al terminar cada actividad, también existe la posibilidad de entregarlo al final del semestre. Así pues, aunque el alumno tiene libertad para crear su propio portafolio combinado con el diario reflexivo, una estructura básica podría ser la siguiente:

1. Portada
2. Índice
3. Actividades
    a. Nombre de la actividad y fecha
    b. Tarea corregida con control de cambios
    c. Reflexión sobre la tarea
        i. Puntos fuertes durante el proceso de traducción y en relación con el producto final
        ii. Puntos débiles durante el proceso de traducción y en relación con el producto final
        iii. Mejoras para el futuro y retos
4. Bibliografía consultada

Toda esta estructura es solo orientativa sobre los puntos que se deben tratar, pero con esta información el profesor podrá comparar y determinar el número de fallos que ha cometido, la gravedad de estos y las principales carencias en cuanto a procesos, con el fin de poder hacer mayor hincapié en ellos en actividades posteriores.

Por último, debemos destacar que la inclusión de la autoevaluación y la coevaluación como actividades de aprendizaje mediante la realización de revisiones propias y de los compañeros dotará al alumno de un espíritu crítico y de reflexión sobre su propio aprendizaje, esencial en el caso de que decidan dedicarse en un futuro a la traducción como autónomos. Al mismo tiempo, será posible evaluarlos con respecto a la consecución de sus propios objetivos (*criterion-referenced assessment*) y no en comparación con el resto del grupo (*norm-referenced assessment*) (*cfr.* Kelly, 2005: 139 ss.).

c. Evaluación sumativa

Desde nuestra propuesta entendemos las evaluaciones finales como herramientas complementarias a la evaluación continua y formativa. Así pues, aunque no descartamos la realización de exámenes finales (véanse, por ejemplo, las propuestas como la de Torres del Rey [2003] o la de Postigo Pinazo y Varela Salinas [2005], que consideran el examen como una herramienta complementaria de formación y no exclusivamente de evaluación), creemos que una buena forma de reflejar las condiciones de trabajo reales sería la realización de un proyecto cuya temática y texto podrá elegir el estudiante (con aprobación previa del profesor). Otra opción sería que el profesor presentara una serie de opciones para cada bloque temático y el alumno eligiera el proyecto que mejor se ajuste a sus gustos y necesidades. Con este proyecto, pretendemos que el estudiante ponga en práctica todos los conocimientos adquiridos a lo largo del semestre. Además, con este tipo de evaluación se presta más atención al producto final, es decir, al texto traducido. A continuación incluimos la hoja de ruta para este trabajo:

	Horas aprox. en clase	**Horas aprox. en casa**
Proyecto de final de semestre	5	25

Con el fin de que el estudiante asuma y aplique los conocimientos adquiridos a lo largo del semestre y realice un trabajo para su evaluación final, al terminar cada semestre los estudiantes deberán realizar un encargo de traducción de la especialidad que ellos elijan y que se haya impartido en ese semestre. El texto deberá contar con la aprobación del profesor. También pueden elegir entre algunas de las propuestas del profesor para este trabajo. El encargo deberá tener aproximadamente entre 3000 y 4000 palabras.

La tarea consistirá en:

1. Seleccionar el texto con el que quieren trabajar.
2. Realizar una planificación del trabajo: documentación, terminología, traducción, revisión, gestión de proyectos y DTP.
3. Llevar a cabo la traducción y revisión del texto con una herramienta TAO.
4. Una vez finalizada la tarea, se deberá entregar al cliente (en nuestro caso, el profesor) un archivo comprimido que contenga:
   - ✓ Versión traducida con archivo sucio y limpio.
   - ✓ Versión revisada con archivo sucio y limpio. El archivo limpio debe estar correctamente maquetado.
   - ✓ Informe de control de calidad libre de errores.

- ✓ Memoria de traducción en formato .tmx que se ha creado para nuestro trabajo con la traducción final que se le ha dado a cada segmento.
- ✓ Factura del trabajo.

Todo ello debe estar en un archivo comprimido cuyo nombre sea Apellidos_Nombre_Proyecto final_X_Semestre.

La evaluación de los proyectos finales de nuestra programación didáctica se realizará de acuerdo con los baremos de corrección establecidos por la LISA en su día. Esta organización desapareció hace unos años, pero sus criterios de corrección siguen estando vigentes en la traducción profesional y especialmente en la localización. De esta forma, se ha convertido casi en un modelo estandarizado a la hora de proporcionar *feedback* sobre la calidad de una traducción.

El modelo de control de calidad elaborado por la LISA distingue entre diferentes categorías de errores (terminológicos, exactitud, lenguaje, estilo, errores de traducción, aspectos locales/localización, coherencia) y niveles de errores en función de la gravedad (críticos, graves, leves). Estas categorías y la puntuación otorgada a los niveles de error se pueden consultar en el anexo 4. Debido al elevado número de alumnos a los que en ocasiones tiene que evaluar un mismo profesor, no creemos pertinente rellenar un informe para cada uno de ellos, pero sí es interesante seguir esta clasificación de errores con el fin de evaluar el trabajo final del estudiante. No obstante, aunque no se rellene la plantilla, se debería devolver la traducción con las correcciones finales a los estudiantes para que puedan aplicar esos conocimientos a futuros trabajos.

Según el nivel de gravedad del error, el estudiante recibirá una serie de puntos negativos que, al sumarlos, como indica Parra Galiano (2005: 283), no pueden superar el 1 % del número total de palabras de la muestra de texto seleccionada. Si supera el 1 % la traducción será considerada no apta.

El coeficiente de ponderación que se aplica según el nivel del error es el siguiente:

- Errores críticos: el número máximo de número permitido por errores más uno.
- Errores graves: cinco puntos por error.
- Errores leves: un punto por error.

En nuestro caso, al tratarse de una propuesta didáctica, creemos que el porcentaje del 1 % indicado arriba puede resultar a veces demasiado estricto. Todo ello depende del nivel previo de los estudiantes. Por este motivo, debemos movernos con cierto margen y aumentar o disminuir este porcentaje en función de las competencias generales del grupo. Lo ideal sería poder evaluar los últimos proyectos del curso con este porcentaje, ya que esto significaría que los estudiantes están preparados para hacer frente a la demanda del mercado.

Una vez establecidos estos tipos de evaluación podemos resumir las actividades que formarán parte de nuestra evaluación continua en la siguiente lista:

1. Portafolio y diario reflexivo.
2. Entrevistas con los estudiantes y tutorías.
3. Proyectos finales.

Con estos elementos, que se pueden modificar en función del avance del curso, será posible evaluar tanto el proceso de traducción como el producto final.

A la hora de establecer la nota final, los porcentajes podrían quedar distribuidos de la siguiente forma:

Portafolio y diario reflexivo	50 %
Proyectos finales	50 %

Estos porcentajes obviamente pueden variar en función del número de actividades que se hayan podido realizar a lo largo del curso y del interés mostrado por los estudiantes. No incluimos aquí las entrevistas y tutorías de los estudiantes, ya que el fin de estas no es tanto evaluarlos, sino orientarlos en su formación y resolver dudas surgidas durante el curso.

Bibliografía

ABRIL MARTÍ, M. I. (2006). *La interpretación en los servicios públicos: caracterización como género, contextualización y modelos de formación. Hacia unas bases para el diseño curricular.* Tesis doctoral. Granada: Universidad de Granada. Disponible en: http://hera.ugr.es/tesisugr/16235320.pdf [Última consulta 10/10/2012].

AENOR (2006). *Norma Europea UNE-EN 15038:2006. Servicios de traducción. Requisitos para la presentación del servicio.* Madrid: AENOR.

AENOR (2015). *Norma Europea UNE-EN ISO 17100:2015. Servicios de traducción. Requisitos para los servicios de traducción.* Madrid: AENOR.

ALVES, F. (1995). *Zwischen Schweigen und Sprechen: Wie bildet sich eine transkulturelle Brücke?: eine psycholinguistisch orientierte Untersuchung von Ubersetzungsvorgängen zwischen portugiesischen und brasilianischen Ubersetzern.* Hamburgo: Dr. Kovac.

ALVES, F. (1996). «Veio-me um "click" na cabeça: The Theoretical Foundations and the Design of a Psicholinguistically Oriented, Empirical Investigation on German-Portuguese Translation Processes». *Meta,* vol. 41, n.° 1, págs. 33-44.

ALVES, F., Y C. MAGALHAES (2004). «Using small corpora to tap and map the process-product interface in translation». *TradTerm,* 10, págs. 179-211.

ALVES, F., A. PAGANO E I. DA SILVA (2009). «A new window on translators' cognitive activity: methodological issues in the combined use of eye tracking, key logging and retrospective protocols». En I. M. MEES, F. ALVES Y S. GÖPFERICH (eds.). *Methodology, Technology and Innovation in Translation Process Research.* Copenhage: Samfundslitteratur, págs. 267–292.

ALVES, F., A. PAGANO E I. DA SILVA (2011). «Towards an investigation of reading modalities in/for translation: An exploratory study using eye-tracking data». En S. O'BRIEN (ed.). *Cognitive Explorations of Translation.* Londres: Continuum, págs. 175–196.

ANGELONE, E. (2012). «The place of screen recording in process-oriented translator training». *Rivista Internazionale di Tecnica della Traduzione,* 14, págs. 41-56.

ATKINS, B. T. S. Y K. VARANTOLA (1997). «Monitoring Dictionary Use». *International Journal of Lexicography,* vol. 10, n.° 1, págs. 1-45.

BALLY, C. (1921). *Traité de stylistique française.* Heidelberg: Winter.

BAKER, M. (1992). *In Other Words: A Coursebook on Translation*. Londres: Routledge.

BEEBY, A. (1996). *Teaching Translation from Spanish to English*. Ottawa: University of Ottawa Press.

BELL, R. T. (1991). *Translation and Translating: Theory and Practice*. Londres: Longman.

BERMÚDEZ BAUSELA, M. (2005). «Teaching Localisation in Spanish Universities». En *LRC Reader* [en línea]. Disponible en: http://www.localisation.ie/reader/teaching_in_spain.php [Última consulta 21/11/2010].

BERNARDINI, S. (1999). «Using think-aloud protocols to investigate the translation process: methodological aspects». En J. WILLIAMS (ed.). *RCEAL Working papers in English and applied linguistics 6*. Cambridge: Universidad de Cambridge, págs. 179-199.

BERNARDINI, S. (2002). «Think-aloud protocols in translation research: Achievements, limits, future prospects». *Target: International Journal of Translation Studies*, vol. 13, n.° 2, págs. 241-263.

BIEL, L. (2011). «Training Translators or Translation Service Providers? EN 15038: 2006 Standard of Translation Services and its Training Implications». *The Journal of Specialised Translation*, n.° 16, págs. 61-76.

BOLAÑOS MEDINA, A. (2002). *Diseño y aplicación de un modelo didáctico innovador para la traducción de géneros digitales*. Tesis doctoral. Las Palmas de Gran Canaria: Universidad de Las Palmas de Gran Canaria.

BOULANGER, P-P. (2005). «Transdisciplinary Translators?». En *Professional Education of 21st Century Translators and Interpreters, Proceedings of Monterey Graduate School of Translation and Interpretation, 50th Anniversary Conference*. Disponible en: http://www.gsti.miis.edu/conference/image/s4.pdf [Última consulta 28/08/2006].

BOWKER, L. Y G. CORPAS PASTOR (2015). «Translation Technologies». En R. MITKOV. *The Oxford Handbook of Computational Linguistics* (2.ª ed.). Oxford, Nueva York: Oxford University Press.

BREEN, M. P. (1987). «Contemporary Paradigms in Syllabus Design. Part II». *Language Teaching*, vol. 20, n.° 3, págs. 157-174.

CALVO ENCINAS, E. (2010). *Análisis curricular de los estudios de Traducción e Interpretación en España: perspectiva del estudiantado*. Tesis doctoral. Granada: Universidad de Granada. Disponible en: http://digibug.ugr.es/handle/10481/3488 [Última consulta 27/11/2010].

CANDLIN, C. (1990). «Hacia la enseñanza de lenguas basada en tareas». *Comunicación, Lenguaje y Educación,* n.° 7-8, págs. 33-53.

CANDLIN, C. Y D. MURPHY (eds.) (1987). *Language learning tasks.* Nueva Jersey: Prentice-Hall.

CARL, M. (2009). «Triangulating product and process data: Quantifying alignment units with keystroke data». *Copenhagen Studies in Language,* 38, págs. 225-247.

COLINA, S. (2003). *Translation teaching. From research to the classroom. A handbook for teachers.* Boston: McGraw-Hill.

CÁMARA DE LA FUENTE, L. (2005). *Comunicación técnica multilingüe: gestión del conocimiento y de recursos lingüísticos para proyectos de traducción.* Tesis doctoral. Barcelona: Universidad Pompeu Fabra. Disponible en: http://www.tdx.cat/bitstream/handle/10803/7514/tlicf.pdf;jsessionid=FED3E1F759345920ADCB30001552F542.tdx1?sequence=1 [Última consulta 07/04/2016].

CAMPBELL, S. (1998). *Translation into the Second Language.* Londres: Longman.

CHANG, V. (2009) *Testing Applicability of Eye-tracking and fMRI to Translation and Interpreting Studies: An Investigation into Directionality.* Tesis doctoral. Londres: Imperial College

CHUQUET, J. Y M. PAILLARD (1989). *Approche linguistique des problèmes de traduction.* París: Ophris.

COLL, C. (2001). «Constructivismo y práctica docente». *Aula de innovación educativa,* n.° 102, pág. 72.

CÓMITRE NARVÁEZ, I. (2003). «La enseñanza de la traducción inversa (español-francés): realidad profesional y desafío didáctico». En R. MUÑOZ MARTÍN (ed.). *I AIETI. Actas del I Congreso Internacional de la Asociación Ibérica de Estudios de Traducción e Interpretación.* Granada: AIETI, págs. 383-389.

DANCETTE, J. (1994). «Comprehension in the Translation Process: an analysis of Think-Aloud Protocols». En C. DOLLERUP Y A. LINDEGAARD (eds.). *Teaching Translation and Interpreting.* Ámsterdam, Filadelfia: John Benjamins, págs. 113-121.

DANCETTE, J. (1995). *Parcours de traduction: Étude expérimentale du processus de compréhension.* Lille: Presses Universitaires de Lille.

DANCETTE, J. (1997). «Mapping Meaning and Comprehension in Translation: Theoretical and Experimental Issues». En J. DANKS ET AL. (eds.). *Cognitive Processes in Translation and Interpreting (Applied Psychology: Individual, Social & Community Issues).* Thousand Oaks, Londres, Nueva Delhi: Sage Publications, vol. 3, págs. 77-103.

DANKS, J. Y J. GRIFFIN (1997). «Reading and Translation. A Psycholinguistic Perspective». En J. DANKS ET AL. (eds.). *Cognitive Processes in Translation and Interpreting (Applied Psychology: Individual, Social & Community Issues).* Thousand Oaks, Londres, Nueva Delhi: Sage Publications, vol. 3, págs. 161-175.

DE MANUEL JEREZ, J. (2005). *La incorporación de la realidad profesional a la formación de intérpretes de conferencias mediante las nuevas tecnologías y la investigación-acción.* Tesis doctoral. Granada: Universidad de Granada. Disponible en: http://hera.ugr.es/tesisugr/15891574.pdf [Última consulta 19/04/2012].

DE PABLOS PONS, J. (2004). «Métodos de enseñanza». En F. SALVADOR MATA, J. L. RODRÍGUEZ DIÉGUEZ Y A. BOLÍVAR BOTÍA (eds.). *Diccionario enciclopédico de didáctica.* Málaga: Aljibe, vol. 2, págs. 268-283.

DELISLE, J. (1980). *L'analyse du discours comme méthode de traduction.* Ottawa: Université d'Ottawa.

DELISLE, J. (1988). *Translation: an Interpretative Approach.* Ottawa: Université d'Ottawa.

DELISLE, J. (1993). *La traduction raisonnée. Manuel d'initiation à la traduction professionnelle, anglais-français.* Ottawa: Université d'Ottawa.

DELISLE, J. (1998). «Définition, rédaction et utilité des objectifs d'apprentissage en enseignement de la traduction». En I. GARCÍA IZQUIERDO Y J. VERDEGAL (eds.). *Los estudios de traducción: un reto didáctico.* Castellón de la Plana: Universidad Jaume I, págs. 13-43.

DELISLE, J. (2003). *La traduction raisonnée. Manuel d'initiation à la traduction professionnelle, anglais-français: méthode par objectifs d'apprentissage.* Ottawa: Université d'Ottawa.

DIMITROVA, B. E. (2005). *Expertise and Explicitation in the Translation Process.* Ámsterdam, Filadelfia: John Benjamins.

DIRVEN, R. Y M. VERSPOOR (1998). *Cognitive Exploration of Language and Linguistics.* Ámsterdam, Filadelfia: John Benjamins.

DUFF, A. (1989). *Translation.* Oxford: Oxford University Press.

EFTEKHARY, A. A. (2012). «Investigating the Use of Thinking Aloud Protocols in Translation of Literary Texts». *Theory and Practice in Language Studies*, vol. 2, n.º 5, págs. 1039-1047.

EMT EXPERT GROUP (2009). *Competences for professional translators, experts in multilingual and multimedia communication.* Bruselas: European Master's in Translation. Disponible en: http://ec.europa.eu/dgs/translation/programmes/emt/key_documents/emt_competences_translators_en.pdf [Última consulta 07/04/2016].

ENRÍQUEZ RAÍDO, V. (2013). «Using Screen Recording as a Diagnostic Tool in Early Process-oriented Translator Training». En D. KIRALY, S. HANSEN-SCHIRRA Y K. MAKSYMSKY (eds.). *New Prospects and Perspectives for Educating Language Mediators.* Tubinga: Narr Verlag, págs. 121-138.

ESSELINK, B. (2000). *A practical guide to localization.* Ámsterdam, Filadelfia: John Benjamins.

ESTAIRE, S. (2004). «La programación de unidades didácticas a través de tareas». *redELE*, n.º 1. Disponible en: http://www.mec.es/redele/revista1/estaire.shtml [Última consulta 15/08/2011].

ESTAIRE, S. Y J. ZANÓN (1990). «El diseño de unidades didácticas en L2 mediante tareas: Principios y desarrollo». *Comunicación, Lenguaje y Educación*, vol. 7, n.º 8, págs. 55-90.

FERNÁNDEZ COSTALES, A. (2010). *Traducción, localización e internacionalización. El caso de las páginas web universitarias.* Tesis doctoral. Oviedo: Universidad de Oviedo. Disponible en: http://digibuo.uniovi.es/dspace/handle/10651/12968 [Última consulta 07/04/2016].

FERNÁNDEZ RODRÍGUEZ, M. (2005). «El enfoque por tareas en la enseñanza de la tradumática (Traducción y Tecnologías de la Información y la Comunicación). Propuesta pedagógica». En M. L. ROMANA GARCÍA. *Actas del II Congreso Internacional AIETI 2005. Formación, investigación y profesión. (Madrid 9-11 de febrero de 2005).* Madrid: Asociación Ibérica de Estudios de Traducción e Interpretación. Disponible en: http://www.aieti.eu/pubs/actas/II/AIETI_2_MFR_Enfoque.pdf [Última consulta 18/02/2012].

FIORANI, G. (2012). *El papel de los blogs en el oficio del traductor hispanohablante.* Viterbo: Università Degli Studi della Tuscia. Disponible en: http://dspace.unitus.it/bitstream/2067/2288/1/gfiorani_tesi_ii.pdf [Última consulta 27/11/2013].

FIRTH, J. R. (1951). «Modes on meaning». En J. R. FIRTH. *Essays and studies of the English association,* vol. 4/1, págs. 118-149.

FIRTH, J. R. (1957). *Papers in linguistics.* Oxford: Oxford University Press.

FIRTH, J. R. (1964). *The tongues of men.* Oxford: Oxford University Press.

FOLARON, D. (2006). «A discipline coming of age in the digital age». En K. DUNNE (eds.). *Perspectives on localization.* Ámsterdam, Filadelfia: John Benjamins, págs. 195-222.

FREIGANG, K. H., Y. RAMÍREZ Y D. ZIELINSKI (2009). «Didaktisch-methodische Überlegungen zum Einsatz moderner Übersetzungstechnologie im Rahmen einer praxisorientierten Fachübersetzungsausbildung». En M. J. VARELA SALINAS (ed.). *Panorama actual del estudio y la enseñanza de discursos especializados.* Berna: Peter Lang, págs. 237-277.

GALÁN-MAÑAS, A. (2009). *La enseñanza de la traducción en la modalidad semipresencial.* Tesis doctoral. Barcelona: Universidad Autónoma de Barcelona. Disponible en: http://www.tdx.cat/bitstream/handle/10803/5275/aha1de2.pdf?sequence=1 [Última consulta 07/04/2016].

GARNIER, G. (1985). *Linguistique et traduction. Éléments de systématique verbales comparée du français et de l'anglais.* Caen: Paradigme.

GILE, D. (1995). *Basic Concepts and Models for Interpreter and Translator Training.* Ámsterdam, Filadelfia: John Benjamins.

GONZÁLEZ, J. Y R. WAGENAAR (2003). *Tuning Educational Structures in Europe.* Bilbao: Universidad de Deusto. Disponible en: http://www.unideusto.org/tuningeu/images/stories/documents/General_Brochure_Spanish_version.pdf [Última consulta 07/04/2016].

GONZÁLEZ DAVIES, M. (2004). *Multiple Voices in the Translation Classroom.* Ámsterdam, Filadelfia: John Benjamins.

GOUADEC, D. (2003). «Le bagage specifice du locateur/localizateur. La vrai "nouvel profil" requis». *Meta,* vol. 28, n.º 4, págs. 526-545.

GOUADEC, D. (2007). *Translation as a profession.* Ámsterdam, Filadelfia: John Benjamins.

GOUADEC, D. (2009). *Guide des métiers de la traduction-localisation et de la communication multilingue et multimédia.* París: La Maison du Dictionnaire.

GREGORIO CANO, A. (2014). *Estudio empírico-descriptivo del desarrollo de la competencia estratégica en la formación de traductores.* Tesis doctoral. Granada: Universidad de Granada. Disponible en: http://digibug.ugr.es/handle/10481/34169#.Vxpg7zCLSUk [Última consulta 22/04/2016].

GRELLET, F. (1991). *Apprendre à traduire.* Nancy: Presses Universitaires de Nancy.

GUILLEMIN-FLESCHER, J. (1981). *Syntaxe comparée du français et de l'anglais. Problémes de Traduction.* París: Ophris.

GUTT, E. A. (1991). *Translation and Relevance.* Oxford: Basil Blackwell.

HANSEN, G. (1997). «Success in Translation». *Perspectives. Studies in Translatology,* vol. 5, n.° 2, págs. 201-210.

HARTMANN, B. (1980). *Contrastive Textology. Comparative Discourse Analysis in Applied Linguistics.* Heidelberg: Julius Groos.

HATIM, B. E I. MASON (1997). *The Translator as Communicator.* Londres: Routledge.

HVELPLUND, K. T. (2011). *Allocation of Cognitive Resources in Translation: An Eye-tracking and Key-logging Study.* Tesis doctoral. Copenhage: Copenhagen Business School.

HEWSON, L. (1995). «Detecting Cultural Shifts: Some Notes on Translation Assessment». En I. MASON Y C. PAGNOULLE (eds.). *Cross-Words. Issues and Debates in Literary and Non-Literary Translating.* Lieja: Universidad de Lieja, págs. 101-108.

HEWSON, L. Y J. MARTIN (1991). *Redefining Translation. The Variational Approach.* Londres: Routledge.

HOLL, I. (2011). *Textología contrastiva, derecho comparado y traducción jurídica: las sentencias de divorcio alemanas y españolas.* Berlín: Frank & Timme.

HOLMES, J. S. (1972). «The Name and Nature of Translation Studies Translated». En J. S. HOLMES. *Translated! Papers on Literary Translation and Translation Studies.* Ámsterdam: Rodopi, págs. 67-80.

HÖNIG, H. G. Y P. KUSSMAUL (1982). *Strategie der Übersetzung.* Tubinga: Gunter Narr.

HUANG, W. (2014). *Iniciación a la traducción inversa: una propuesta comunicativa para la didáctica de la traducción del chino al español en China.* Tesis doctoral. Barcelona: Universidad de Barcelona.

HUERTAS BARROS, E. (2013). *La competencia interpersonal en la formación de traductores en España: un estudio empírico-descriptivo del trabajo colaborativo durante la primera etapa de formación en Traducción e Interpretación.* Tesis doctoral. Granada: Universidad de Granada. Disponible en: http://hera.ugr.es/tesisugr/22074508.pdf [Última consulta 17/03/2014].

HURTADO ALBIR, A. (ed.) (1996). *La enseñanza de la traducción.* Madrid: Edelsa.

HURTADO ALBIR, A. (dir.) (1999). *Enseñar a traducir: metodología en la formación de traductores e intérpretes.* Castellón de la Plana: Universidad Jaume I.

HURTADO ALBIR, A. (2008). *Traducción y traductología: introducción a la traductología* (4.ª ed.). Madrid: Cátedra.

HUTCHINS, J. Y H. SOMERS (1992). *An Introduction to Machine Translation.* Londres: Academic Press Ltd.

JÄÄSKELÄINEN, R. (1987). *What happens in a Translation Process: think-aloud protocols of translation.* Pro gradu thesis. Joensuu: Savonlinna School of Translation Studies, Universidad de Joensuu.

JÄÄSKELÄINEN, R. (1989). «Translation Assignment in Professional Versus Non-Professional Translation: A Think-Aloud Protocol Study». En C. SÉGUINOT (ed.). *The Translation Process.* Toronto: H. G. Publications, Universidad de York, págs. 87-98.

JÄÄSKELÄINEN, R. (1993). «Investigating Translation Strategies». En S. TIRKKONEN-CONDIT Y J. LAFFLING (eds.). *Recent Trends in Empirical Translation Research.* Toronto: H. G. Publications, Universidad de York, págs. 87-98.

JAKOBSEN, A. L. (2003). «Effects of think aloud on translation speed, revision, and segmentation». En F. ALVES. *Triangulating Translation: Perspectives in process oriented research.* Ámsterdam, Filadelfia: John Benjamins.

JAKOBSEN, A. L. (2011). *Tracking translators' keystrokes and eye movements with Translog.* Ámsterdam, Filadelfia: John Benjamins.

JIMÉNEZ CRESPO, M. A. (2008). *El proceso de localización web: estudio contrastivo de un corpus comparable del género sitio web corporativo.* Tesis doctoral. Granada: Universidad de Granada. Disponible en: http://hera.ugr.es/tesisugr/17515324.pdf [Última consulta 07/04/2016].

KATAN, D. (2008). «University Training, Competencies and the Death of the Translator. Problems in Professionalizing Translation and in the Translation Profession». En M. T. MUSACCHIO Y G. HENROT (eds.). *Tradurre: Formazione e Professione*. Padua: CLEUP, págs. 113-140.

KAUTZ, U. (2000). *Handbuch Didaktik des Übersetzens und Dolmetschens*. Múnich: Iudicum, Goethe-Institut.

KEARNS, J. (2006a). *Curriculum Renewal in Translator Training: vocational challenges in academic environments with reference to need and situation analysis and skills transferability form the contemporary experience of Polish translator training culture*. Tesis doctoral. Dublín: Dublin City University.

KEARNS, J. (2006b). *New Vistas in Translator and Interpreter Training*. Dublín: Irish Translators' and Interpreters' Association.

KELLY, D. (2002). «Un modelo de competencia traductora: bases para el diseño curricular». *Puentes. Hacia nuevas investigaciones en la mediación intercultural*, n.º 1, págs. 9-20. Disponible en: http://www.ugr.es/~greti/puentes/puentes1/02%20Kelly.pdf [Última consulta 21/11/2010].

KELLY, D. (2005). *A Handbook for Translator Trainer*. Mánchester: St. Jerome.

KELLY, D., ET AL. (eds.) (2003). *La direccionalidad en traducción e interpretación*. Granada: Atrio.

KIRALY, D. (1995). *Pathways to Translation: Pedagogy and Process*. Kent: Kent State University Press.

KIRALY, D. (2000). *A Social Constructivist Approach to Translator Education*. Mánchester: St. Jerome.

KIRALY, D. (2013). «Towards a view of translator competence as an emergent phenomenon». En D. KIRALY, S. HANSEN-SCHIRRA Y K. MAKSYMSKY (eds.). *New Prospects and Perspectives for Educating Language Mediators*. Tubinga: Narr Verlag, págs. 197-224.

KIRALY, D. (2015). «Occasioning translator competence. Moving beyong social constructivism toward a postmodern alternative to instructionism». *Translation and Interpreting Studies*, vol. 10, n.º 1, págs. 8-32.

KLAUDY, K. (1996). «Quality assessment in school vs professional translation». En C. DOLLERUP Y V. APPEL. *Teaching Translation and Interpreting 3: new horizons: papers from the Third Language International Conference, Elsinore, Denmark, 9-11 June 1995*. Ámsterdam, Filadelfia: John Benjamins, págs. 197-204.

KÖNIGS, F. G. (1987). «Was beim Übersetzen passiert. Theoretische Aspekte, empirische Befunde und praktische Konsequenzen». *Die Neueren Sprachen,* vol. 86, n.° 2, págs. 162-185.

KOZLOVA, I. (2005). *Competencia instrumental para la reproducción textual en lengua extranjera: procesos de consulta léxica en fuentes externas.* Tesis doctoral. Barcelona: Universidad Autónoma de Barcelona.

KRAHMER, E. Y N. UMMELEN (2004). *Thinking About Thinking Aloud. A comparison of two verbal protocols for usability testing.* Países Bajos: Tilburg University.

KRINGS, H. P. (1986). *Was in den Köpfen von Übersetzern vorgeht. Eine empirische Untersuchung der Struktur der Übersetzungsprozesses an Fortgeschrittenen.* Tubinga: Gunter Narr.

KÜNZLI, A. (2007). «The ethical dimension of translation revision. An empirical study». *The Journal of Specialised Translation,* n.° 8, págs. 42-56.

KUSSMAUL, P. (1991). «Creativity in the Translation Process: Empirical Approaches». En K. VAN LEUVEN-ZWART Y T. NAAIJKENS (eds.). *Translation Studies. The State of the Art.* Ámsterdam: Rodopi, págs. 91-101.

KUSSMAUL, P. (1995). *Training the translator.* Ámsterdam, Filadelfia: John Benjamins.

KUSSMAUL, P. (1997). «Comprehension Processes and Translation: A Think-aloud Protocol Study». En M. SNELL-HORNBY, Z. JETMAROVA Y K. KAINDL. *Translation as Intercultural Communication.* Ámsterdam, Filadelfia: John Benjamins, págs. 239-248.

KUZNIK, A. (2010). *El contenido de los puestos de trabajo de los traductores. El caso de los traductores internos en las empresas de traducción de Barcelona.* Tesis doctoral. Barcelona: Universidad Autónoma de Barcelona. Disponible en: http://www.tesisenred.net/bitstream/handle/10803/5279/ak1de1.pdf?sequence=1 [Última consulta 21/06/2011].

LA ROCCA, M. (2007). *El taller de traducción: una metodología didáctica integradora para la enseñanza universitaria de la traducción.* Tesis doctoral. Barcelona: Universidad de Vic. Disponible en: http://www.tdx.cat/handle/10803/9327 [Última consulta 07/04/2016].

LASNIER, F. (2000). *Réussir la formation par compétences.* Montreal: Guérin.

LAVAULT, E. (1984). *Fonction de la traduction en didactique des langues.* París: Didier Erudition.

LEE-JAHNKE, H. (2005). «New Cognitive Approaches in Process-Oriented Translation Training». *Meta*, vol. 50, n.º 2, págs. 359-377.

LEGOUX, M. N. Y E. VALENTINE (1979). *Stylistique différentielle anglais-français*. Montreal: Sodilis.

LI, D. (2004). «Trustworthiness of think-aloud protocols in the study of translation processes». *International Journal of Applied Linguistics*, vol. 14, n.º 3, págs. 301-313.

LI, D. (2013). «Teaching Business Translation. A Task-Based Approach». *The Interpreter and Translator Trainer (ITT)*, vol. 7, n.º 1, págs. 1-26.

LISA (2003). *Guía de introducción al sector de la localización*. Disponible en: http://www.lisa.org [Última consulta 21/11/2010].

LIVBJERG, I. E I. M. MEES (1999). «A study of the use of dictionaries in Danish-English translation». En G. HANSEN (ed.). *Probing the process in translation: methods and results*. Copenhague: Samfundslitteratur, págs. 135-150.

LONG, M. H. Y G. CROOKES (1992). «Three Approaches to Task-Based Syllabus Design». *TESOL Quarterly*, vol. 26, n.º 1, págs. 27-57.

LÖRSCHER, W. (1991). *Translation Performance, Translation Process, and Translation Strategies. A Psycholinguistic Investigation*. Tubinga: Gunter Narr.

LÖRSCHER, W. (1992). «Investigating the Translation Process». *Meta*, vol. 37, n.º 3, págs. 429-439.

LOWE, P. (1987). «Revising the ACTFL/ETS Scales for a New Purpose: Rating Skill in Translating». En M. GADDIS (ed.). *Translation Excellence: Assessment, Achievement, Maintenance*. Nueva York: SUNY Binghamton Press, págs. 53-61.

LVOVSKAYA, Z. (1997). *Problemas actuales de la traducción*. Granada: Granada Lingüística.

MARTEL, A. (2002). *Constructivisme et formation à distance. La transition des instructivismes aux constructivismes par les technologies de la communication au service de l'enseignement/apprentissage à distance* [en línea]. Disponible en: http://archives.refad.ca/recherche/constructivisme/constructivisme.html [Última consulta 02/05/2013].

MARTÍN MOR, A. (2011). *La interferència lingüística en entorns de traducció assistida per ordinador. Recerca empíricoexperimental*. Tesis doctoral. Barcelona: Universidad Autónoma de Barcelona. Disponible en: https://ddd.uab.cat/

pub/tesis/2011/hdl_10803_83987/amm1de1.pdf [Última consulta 07/04/2016].

MARTÍNEZ ROBLEDO, M. I. (2005). *La tecnología multimedia: enseñanza de lenguas, terminología y traducción.* Tesis doctoral. Granada: Universidad de Granada. Disponible en: http://digibug.ugr.es/bitstream/10481/4574/1/TESIS%20DOCTORAL.pdf [Última consulta 07/04/2016].

MAYORAL ASENSIO, R. (2001). *Aspectos epistemológicos de la traducción.* Castellón de la Plana: Universidad Jaume I.

MONDHAL, M. Y K. A. JENSEN (1992). «Information Processing in Translation Task». *Multilingua,* vol. 11, n.º 2, págs. 195-216.

MONTANER GUTIÉRREZ, P. (1996). *Tareas de traducción. La rehabilitación de la traducción en la didáctica del E/LE.* Memoria del Máster de Formación de Profesores de Español como Lengua Extranjera. Barcelona: Universidad de Barcelona.

MORÓN MARTÍN, M. A. (2009). *Percepciones sobre el impacto de la movilidad en la formación de traductores: la experiencia de los graduados en el programa LAE (Lenguas Aplicadas Europa).* Tesis doctoral. Granada: Universidad de Granada. Disponible en: http://digibug.ugr.es/handle/10481/3496#.VwYkOaSLSUk [Última consulta 07/04/2016].

MUÑOZ RAMOS, M. (2012). *Hacia una redefinición de las materias de tecnologías de la traducción en el marco del EEES: concepto, competencias, procesos de enseñanza-aprendizaje y evaluación.* Tesis doctoral. Málaga: Universidad de Málaga. Disponible en: http://riuma.uma.es/xmlui/handle/10630/5048 [Última consulta 07/04/2016].

MUÑOZ RAYA, E. (coord.) Y ANECA (2004). *Libro Blanco sobre el Título de Grado en Traducción e Interpretación.* Disponible en: http://www.aneca.es/media/150288/libroblanco_traduc_def.pdf [Última consulta 07/04/2016].

NEWMARK, P. (1988). *A textbook of Translation.* Londres: Prentice Hall.

NEWMARK, P. (1991). *About translation.* Clevedon: Multilingual Matters.

NIDA, E. A. (1975). *Exploring semantic structures.* Múnich: Fink.

NIDA, E. A. Y CH. TABER (1969). *The theory and practice of translation.* Leiden: E. J. Brill.

NORD, C. (1991). *Text Analysis in Translation. Theory, Methodology, and Didactic Application Model for Translation-Oriented Text Analysis*. Ámsterdam, Atlanta: Ga, Rodopi.

NORD, C. (1994). «Traduciendo funciones». En A. HURTADO ALBIR (ed.). *Estudis sobre la traducció*. Castellón de la Plana: Universidad Jaume I, págs. 97-112.

NORD, C. (1996). «El error en la traducción: categorías y evaluación». En A. HURTADO ALBIR (dir.). *La enseñanza de la traducción*. Castellón de la Plana: Universidad Jaume I, págs. 91-103.

NORD, C. (1997a). «A Functional Typology of Translation». En A. TROSBORG (ed.). *Text Typology and Translation*. Ámsterdam, Filadelfia: John Benjamins, págs. 43-66.

NORD, C. (1997b). *Translating as a Purposeful Activity. Functionalist Approaches Explained*. Mánchester: St. Jerome.

NORD, C. (2005). «Training functional translators». En M. TENNENT (ed.). *Training for the New Millennium: Pedagogies for translation and interpreting*. Ámsterdam, Filadelfia: John Benjamins, págs. 209-223.

NUNAN, D. (1991). *Language Teaching Methodology. A textbook for teachers*. Nueva York: Prentice Hall.

NUNAN, D. (1993). *Designing tasks for the communicative classroom* (6.ª ed.). Cambridge: Cambridge University Press.

O'BRIEN, S. (2006). «Eye-tracking and translation memory matches». *Perspectives: Studies in Translatology*, vol. 14, n.° 3, págs. 185–203.

O'BRIEN, S. (2009). «Eye tracking in translation-process research: methodological challenges and solutions». En I. M. MEES, F. ALVES Y S. GÖPFERICH (eds.). *Methodology, Technology and Innovation in Translation Process Research*. Copenhage: Samfundslitteratur, págs. 251–266.

O'HAGAN, M. Y D. ASHWORTH (2002). *Translation-mediated communication in a digital world: facing the challenges of globalization and localization*. Clevedon: Multilingual Matters.

«OPTIMALE. Optimising professional translator training in a multilingual Europe» [en línea]. Disponible en: http://www.translator-training.eu/optimale/attachments/article/24/OPTIMALE_dissemination%20presentation.pdf [Última consulta 10/10/2012].

Optimising Translator Training [en línea]. Disponible en: http://www.translator-training.eu/optimale/ [Última consulta 10/10/2012].

OROZCO JUTORÁN, M. (2000). *Instrumentos de medida de la adquisición de la competencia traductora: construcción y validación.* Tesis doctoral. Barcelona: Universidad Autónoma de Barcelona. Disponible en: http://ddd.uab.cat/pub/tesis/2000/tdx-0507108-141008/moj1de4.pdf [Última consulta 07/04/2016].

PACTE (2000). «Acquiring translation competence: "hypotheses and methodological problems of a research project"». En A. BEEBY *ET AL.* (eds.). *Teaching Translation and Interpreting. Training, talent, and experience.* Ámsterdam, Filadelfia: John Benjamins, págs. 279-290.

PACTE (2001). «La competencia traductora y su adquisición». *Quaderns. Revista de Traducció,* n.º 6, págs. 39-45.

PACTE (2002). «Exploratory tests in a study of translation competence». *Conference Interpretation and Translation,* vol. 4, n.º 2, págs. 41-69.

PACTE (2003). «Building a Translation Competence Model». En F. ALVES (ed.). *Triangulating Translation: Perspectives in process oriented research.* Ámsterdam, Filadelfia: John Benjamins, págs. 43-66.

PACTE (2005). «Investigating Translation Competence: Conceptual and Methodological Issues». *Meta,* vol. 50, n.º 2, págs. 609-619.

PACTE (2007). «Zum Wesen der Übersetzungskompetenz – Grundlagen für die experimentelle Validierung eines Ük-Modells». En G. WOTJAK (ed.). *Quo vadis Translatologie? Ein halbes Jahrhundert universitäre Ausbildung von Dolmetschern und Übersetzern in Leipzig.* Berlín: Frank & Timme, págs. 327-342.

PACTE (2008). «First results of a Translation Competence Experiment: 'Knowledge of Translation' and 'Efficacy of the Translation Process'». En J. KEARNS (ed.). *Translator and Interpreter Training. Issues, Methods and Debates.* Londres: Continuum, págs. 104-126.

PACTE (2009). «Results of the Validation of the PACTE Translation Competence Model: Acceptability and Decision Making». *Across Languages and Cultures,* vol. 10, n.º 2, págs. 207-230.

PACTE (2011a). «Results of the Validation of the PACTE Translation Competence Model: Translation Problems and Translation Competence». En C. ALVSTAD, A. HILD Y E. TISELIUS (eds.). *Methods and Strategies of Process*

Research: Integrative Approaches in Translation Studies. Ámsterdam, Filadelfia: John Benjamins, págs. 317-343.

PACTE (2011b). «Results of the Validation of the PACTE Translation Competence Model: Translation Project and Dynamic Translation Index». En S. O'BRIEN (ed.). *Cognitive Explorations of Translation*. Nueva York: Continuum Studies in Translation, págs. 30-53.

PARRA GALIANO, S. (2005). *La revisión de traducciones en la Traductología: aproximación a la práctica de la revisión en el ámbito profesional mediante el estudio de casos y propuestas de investigación*. Tesis doctoral. Granada: Universidad de Granada. Disponible en: https://www.academia.edu/10603720/_2005_._La_revisi%C3%B3n_de_traducciones_en_la_Traductolog%C3%ADa_aproximaci%C3%B3n_a_la_pr%C3%A1ctica_de_la_revisi%C3%B3n_en_el_%C3%A1mbito_profesional_mediante_el_estudio_de_casos_y_propuestas_de_investigaci%C3%B3n_Tesis_doctoral_._Granada_Universidad_de_Granada._ISBN_8433834215_537_p%C3%A1g._?auto=download [Última consulta 12/04/2016].

PIAGET, J. (1970). *L'épistémologie génétique*. París: Presses Universitaires de France.

PLATT, J., J. RICHARDS Y H. WEBER (1986). *Longman Dictionary of Applied Linguistics*. Londres: Longman.

PLAZA LARA, C. (2014). *La enseñanza de la traducción asistida por ordenador: análisis didáctico-curricular y propuesta de integración de la subcompetencia instrumental-profesional en el aula*. Tesis doctoral. Málaga: Universidad de Málaga. Disponible en: http://riuma.uma.es/xmlui/handle/10630/8126 [Última consulta 07/04/2016].

PRESAS CORBELLA, M. L. (1996). *Problemes de traducció i competència traductora. Bases per a una pedagogia de la traducció*. Tesis doctoral. Barcelona: Universidad Autónoma de Barcelona.

POSTIGO PINAZO, E. Y M. J. VARELA SALINAS (2005). «La evaluación en los estudios de traducción». *Translation Journal*, vol. 9, n.° 1. Disponible en: http://www.translationjournal.net/journal/31evaluacion.htm [Última consulta 12/06/2012].

PYM, A. (2003). «Redefining Translation Competence in an Electronic Age. In Defence of a Minimalist Approach». *Meta*, vol. 48, n.° 4, págs. 481-497.

PYM, A. (2012). *Teorías contemporáneas de la traducción.* Tarragona: Intercultural Studies Group. Disponible en: http://isg.urv.es/publicity/isg/publications/2011_teorias/pym_teorias_traduccion_web.pdf [Última consulta 07/04/2016].

PYM, A., ET AL. (eds.) (2003). *Innovation and E-learning in Translator Training.* Tarragona: Intercultural Studies Group. Disponible en: http://isg.urv.es/publicity/isg/publications/innovation_2003/index.htm [Última consulta 27/11/2010].

QUIRION, M. (2003). «La formation en localisation à l'université: pour quoi faire?». *Meta,* vol. 48, n.° 4, págs. 546-558.

REHBEIN, J. (1977). *Komplexes Handeln. Elemente zur Handlungstheorie der Sprache.* Stuttgart: Metzler.

REISS, K. Y H. VERMEER (1984). *Grundlegung einer allgemeinen Translationstheorie.* Tubinga: Niemeyer.

RICHARDS, J. C. Y T. S. RODGERS (1986). *Approaches and methods in language teaching.* Nueva York: Cambridge University Press.

RICO PÉREZ, C. Y Á. GARCÍA ARAGÓN (2016). *Análisis del sector de la traducción en España (2014-2015).* Disponible en: http://es.slideshare.net/celiarico/anlisis-del-sector-de-la-traduccin-en-espaa-20142015 [Última consulta 10/08/2016].

RISKU, H. (1998). *Translatorische Kompetenz. Kognitive Grundlagen des Übersetzens als Expertentätigkeit.* Tubinga: Stauffenburg.

ROBERTS, R. (1984). «Compétence du nouveau diplômé en traduction». En *Traduction et qualité de langue. Actes du Colloque Societé des traducteurs du Québec/Conseil de la langue française.* Quebec: Éditeur officiel du Québec, págs. 172-184.

ROBINSON, D. (2003). *Becoming a Translator: An Introduction to the Theory and Practice of Translation* (2.ª ed.). Londres: Routledge.

ROISS, S. (2006). «El pacto de lectura y la adquisición de la competencia traductora especializada inversa (español-alemán)». *TRANS: revista de traductología,* n.° 10, págs. 99-112. Disponible en: http://www.trans.uma.es/pdf/Trans_10/t10_99-112_SRoiss.pdf [Última consulta 12/10/2013].

SALES, S. D. (2006). *Documentación aplicada a la traducción: Presente y futuro de una disciplina.* Gijón: Ediciones Trea.

SANDROCK, U. (1982). *Thinking Aloud Protocols (TAPs) — Ein Instrument zur Dekomposition des komplexen Prozesses "Übersetzen".* Tesis doctoral. Kassel: Universidad de Kassel.

SCAVEE, P. Y P. INTRAVAIA (1979). *Traité de stylistique comparée du français et de l'italien.* París: Didier.

SCHÄFFNER, C. Y B. ADAB (eds.). *Developing Translation Competence.* Ámsterdam, Filadelfia: John Benjamins, págs: 3-18.

SCHÖN, D. (1987). *Educating the Reflective Practitioner.* San Francisco: Jossey-Bass.

SCHOPP, J. (2006). «How Good is an Authentic Commission for Teaching Translation?». En J. KEARNS (ed.). *New Vistas in Translator and Interpreter Training.* Dublín: Irish Translators' and Interpreters' Association, págs. 171-180.

SDL. «LISA QA Metric» [en línea]. Disponible en: http://producthelp.sdl.com/SDL_TMS_2011/en/Creating_and_Maintaining_Organizations/Managing_QA_Models/LISA_QA_Model.htm [Última consulta 07/04/2016].

SÉGUINOT, C. (1989). «Understanding Why Translators Make Mistakes». *TTR*, vol. 2, n.º 2, págs. 73-81.

SELESKOVITCH, D. (1968). *L'interprète dans les conférences internationales. Problèmes de langage et de communication.* París: Minard.

SELESKOVITCH, D. (1975). *Langage, langues et mémoire. Étude de la prise de notes en interprétation consécutive.* París: Minard.

SELESKOVITCH, D. Y M. LEDERER (1984). *Interpréter pour traduire.* París: Didier Érudition.

SHREVE, G. (1997). «Cognition and the Evolution of Translation Competence». En J. DANKS *ET AL.* (eds.). *Cognitive Processes in Translation and Interpreting. (Applied Psychology: Individual, Social & Community Issues).* Thousand Oaks, Londres, Nueva Delhi: Sage Publications, págs. 120-136.

SHREVE, G., E. ANGELONE E I. LACRUZ (2014). «Efficacy of screen recording in the other-revision of translations: episodic memory and event models». *Monti. Monografías de Traducción e Interpretación*, págs. 225-245.

SIEMENS, G. (2004). «Connectivism: A Learning Theory for the Digital Age» [en línea]. *International Journal of Instructional Technology and Distance Learning*, vol. 2, n.º 1. Disponible en: http://www.itdl.org/Journal/Jan_05/article01.htm [Última consulta 25/05/2014].

SJØRUP, A. C. (2013) *Cognitive Effort in Metaphor Translation: An Eye-tracking and Key-logging Study*. Tesis doctoral. Copenhage: Copenhagen Business School.

SORIANO GARCÍA, I. (2007). *Evaluación de un programa de movilidad en la formación de traductores: expectativas, experiencias y grado de satisfacción de los participantes, profesores y gestores del intercambio MGLU-UGR-ULPGC*. Tesis doctoral. Granada: Universidad de Granada. Disponible en: http://hera.ugr.es/tesisugr/16713266.pdf [Última consulta 07/04/2016].

SPITZER, L. (1948). *Linguistics and Literary History: Essays in Stylistics*. Nueva Jersey: Princeton University Press.

TEJADA FERNÁNDEZ, J. (2005). *Didáctica-currículum: diseño, desarrollo y evaluación curricular*. Mataró: Davinci.

TIRKKONEN-CONDIT, S. (1989). «Professional Versus Non-professional Translation: A Think-Aloud Protocol Study». En C. SÉGUINOT (ed.). *The Translation Process*. Toronto: H. G. Publications.

TIRKKONEN-CONDIT, S. (1992). «The Interaction of World Knowledge and Linguistic Knowledge in the Processes of Translation: a think-aloud protocol study». En B. LEWANDOWSKA-TOMASZCZYK (ed.). *Translation and Meaning*. Maastricht: Euroterm, págs. 433-440.

TIRKKONEN-CONDIT, S. Y J. LAUKKANEN (1996). «Evaluations: a key towards understanding the affective dimension of translational decisions». *Meta*, vol. 41, n.º 1, págs. 45-59.

TORRES DEL REY, J. (2003). *Nuevas tecnologías y enseñanza de la traducción: límites y posibilidades de los modelos de aplicación tecnológica para la formación de traductores*. Tesis doctoral. Salamanca: Universidad de Salamanca. Disponible en: http://isg.urv.es/library/papers/TORRESDELREY.pdf [Última consulta 27/11/2010].

TORRES HOSTENCH, O. (2007). *Programa de formació per la inserció laboral dels postgraduats en traducció*. Tesis doctoral. Barcelona: Universidad Autónoma de Barcelona. Disponible en: http://www.tdx.cat/bitstream/handle/10803/5279/ak1de1.pdf.txt;jsessionid=2DD61E760051E1FF01559468F88B67FE.tdx2?sequence=2 [Última consulta 17/02/2014].

TOURY, G. (1995). *Descriptive Translation Studies and Beyond*. Ámsterdam, Filadelfia: John Benjamins.

TRICÁS PRECKLER, M. (1995). *Manual de traducción: francés-castellano*. Barcelona: Gedisa.

TYMOCZKO, M. (2005) «Trajectories of Research in Translation Studies». *Meta*, vol. 50, n.° 4, págs. 1082-1093.

ULRYCH, M. (1996). «Real-world criteria in translation pedagogy». En C. DOLLERUP Y V. APPEL. *Teaching Translation and Interpreting 3: new horizons: papers from the Third Language International Conference, Elsinore, Denmark, 9-11 June 1995*. Ámsterdam, Filadelfia: John Benjamins, págs. 251-259.

VALERO-GARCÉS, C. Y D. TOUDIC (2014). «Technological innovation and translation. Training translators in the EU for the 21st century». *Verbeia*, n.° 0, págs. 186-205.

VÁZQUEZ AYORA, G. (1977). *Introducción a la Traductología*. Georgetown: Georgetown University Press.

VIENNE, J. (1994). «Towards a Pedagogy of "Translation in Situation"». *Perspectives*, vol. 2, n.° 1, págs. 51-59.

VIENNE, J. (1998). «Teaching What They Didn´t Learn as Language Students». En K. MALMKJAER (ed.). *Translation and Language Teaching. Language Teaching and Translation*. Mánchester: St. Jerome, págs. 111-116.

VINAY, J. P. Y J. DARBELNET (1958). *Stylistique comparée du français et de l'anglais. Méthode de traduction*. París: Didier.

VINAY, J. P. Y J. DARBELNET (1995). *Comparative Stylistics of French and English*. Ámsterdam, Filadelfia: John Benjamins.

VON GLASERSFELD, E. (1987). «Learning as a constructive activity». En C. JANVIER. *Problems of representation in the teaching and learning of mathematics*. Nueva Jersey: Lawrence Erlbaum Associates, págs. 3-17.

VYGOTSKY, L. S. (1978). *Mind in Society. The Development of Higher Psychologycal Processes*. Cambridge (Massachusetts): Harvard University Press.

WRIGHT, G. H. VON (1968). *An Essay in Deontic Logic and the General Theory of Action*. Ámsterdam: North Holland.

WILSS, W. (1976). «Perspectives and limitations of a didactic framework for the teaching of translation». En R. W. BRISLIN (ed.). *Translation applications and research*. Nueva York: Gardner, págs. 117-137.

WILSS, W. (1996). *Knowledge and Skills in Translator Behavior*. Ámsterdam, Filadelfia: John Benjamins.

WIMMER, S. (2011). *El proceso de la traducción especializada inversa: modelo, validación empírica y aplicación didáctica.* Tesis doctoral. Barcelona: Universidad Autónoma de Barcelona. Disponible en: http://ddd.uab.cat/pub/tesis/2011/hdl_10803_42307/sw1de1.pdf [Última consulta 10/04/2014].

YUSTE FRÍAS, J. (2005). «Didáctica de la traducción inversa español-francés: el fin justifica los medios». En A. ÁLVAREZ LUGRÍS Y J. YUSTE FRÍAS. *Estudios sobre traducción: teoría, didáctica, profesión.* Vigo: Servicio de publicaciones de la Universidad de Vigo, págs. 147-172.

ZANETTIN, F., S. BERNARDINI Y D. STEWART (eds.) (2003). *Corpora in Translator Education.* Mánchester: St. Jerome.

ZANÓN, J. (1995). «La enseñanza de las lenguas extranjeras mediante tareas». *Signos*, vol. 14, enero-marzo, págs. 52-67.

ZHOU, Y. (2012). «An Investigation on Translation Strategies Based on Think-Aloud Protocols». *Journal of Language Teaching and Research,* vol. 3, n.º 4, págs. 707-715.

Anexos

Anexo 1. Modelo de competencias del *European Master's in Translation* (EMT expert group, 2009a: 4 ss.)

TYPE OF COMPETENCE	*DEFINITIONS / COMPONENTS*
TRANSLATION SERVICE PROVISION COMPETENCE	**INTERPERSONAL dimension** - Being aware of the social role of the translator - Knowing how to follow market requirements and job profiles (knowing how to remain aware of developments in demand) - Knowing how to organise approaches to clients/potential clients (marketing) - Knowing how to negotiate with the client (to define deadlines, tariffs/invoicing, working conditions, access to information, contract, rights, responsibilities, translation specifications, tender specifications, etc.) - Knowing how to clarify the requirements, objectives and purposes of the client, recipients of the translation and other stakeholders - Knowing how to plan and manage one's time, stress, work, budget and ongoing training (upgrading various competences) - Knowing how to specify and calculate the services offered and their added value - Knowing how to comply with instructions, deadlines, commitments, interpersonal competences, team organisation - Knowing the standards applicable to the provision of a translation service - Knowing how to comply with professional ethics - Knowing how to work under pressure and with other experts, with a project head (capa-

	bilities for making contacts, for cooperation and collaboration), including in a multilingual situation - Knowing how to work in a team, including a virtual team - Knowing how to self-evaluate (questioning one's habits; being open to innovations; being concerned with quality; being ready to adapt to new situations/conditions) and take responsibility **PRODUCTION dimension** - Knowing how to create and offer a translation appropriate to the client's request, i.e. to the aim/skopos and to the translation situation - Knowing how to define stages and strategies for the translation of a document - Knowing how to define and evaluate translation problems and find appropriate solutions - Knowing how to justify one's translation choices and decisions - Mastering the appropriate metalanguage (to talk about one's work, strategies and decisions) - Knowing how to proofread and revise a translation (mastering techniques and strategies for proofreading and revision) - Knowing how to establish and monitor quality standards
LANGUAGE COMPETENCE	- Knowing how to understand grammatical, lexical and idiomatic structures as well as the graphic and typographic conventions of language A and one's other working languages (B, C)

	- Knowing how to use these same structures and conventions in A and B - Developing sensitivity to changes in language and developments in languages (useful for exercising creativity)
INTERCULTURAL COMPETENCE (the dual perspective – sociolinguistic and textual – is in the comparison of and contrast between discursive practices in A, B and C)	**SOCIOLINGUISTIC dimension** - Knowing how to recognise function and meaning in language variations (social, geographical, historical, stylistic) - Knowing how to identify the rules for interaction relating to a specific community, including non-verbal elements (useful knowledge for negotiation) - Knowing how to produce a register appropriate to a given situation, for a particular document (written) or speech (oral) **TEXTUAL dimension** - Knowing how to understand and analyse the macrostructure of a document and its overall coherence (including where it consists of visual and sound elements) - Knowing how to grasp the presuppositions, the implicit, allusions, stereotypes and intertextual nature of a document - Knowing how to describe and evaluate one's problems with comprehension and define strategies for resolving those problems - Knowing how to extract and summarise the essential information in a document (ability to summarise) - Knowing how to recognise and identify elements, values and references proper to the cultures represented - Knowing how to bring together and com-

	pare cultural elements and methods of composition. - Knowing how to compose a document in accordance with the conventions of the genre and rhetorical standards - Knowing how to draft, rephrase, restructure, condense, and post-edit rapidly and well (in languages A and B)
INFORMATION MINING COMPETENCE	- Knowing how to identify one's information and documentation requirements - Developing strategies for documentary and terminological research (including approaching experts) - Knowing how to extract and process relevant information for a given task (documentary, terminological, phraseological information) - Developing criteria for evaluation vis-à-vis documents accessible on the internet or any other medium, i.e. knowing how to evaluate the reliability of documentary sources (critical mind) - Knowing how to use tools and search engines effectively (e.g. terminology software, electronic corpora, electronic dictionaries) - Mastering the archiving of one's own documents
THEMATIC COMPETENCE	- Knowing how to search for appropriate information to gain a better grasp of the thematic aspects of a document (cf. information mining competence) - Learning to develop one's knowledge in specialist fields and applications (mastering systems of concepts, methods of reasoning,

	presentation, controlled language, terminology, etc.) (learning to learn) - Developing a spirit of curiosity, analysis and summary
TECHNOLOGICAL COMPETENCE (mastery of tools)	- Knowing how to use effectively and rapidly and to integrate a range of software to assist in correction, translation, terminology, layout, documentary research (for example text processing, spell and grammar check, the internet, translation memory, terminology database, voice recognition software) - Knowing how to create and manage a database and files - Knowing how to adapt to and familiarise oneself with new tools, particularly for the translation of multimedia and audiovisual material - Knowing how to prepare and produce a translation in different formats and for different technical media - Knowing the possibilities and limits of MT

Anexo 2. Modelo de competencias del *Libro Blanco sobre el Título de Grado en Traducción e Interpretación* (Muñoz Raya y ANECA, 2004)

	Licenciados	Profesores	Empleadores	MEDIA
Comunicación oral y escrita en la lengua propia	3,59	3,70	3,38	3,50
Conocimiento de una 2ª lengua extranjera	3,69	3,70	3,28	3,50
Capacidad de organización y planificación	3,55	3,10	3,00	3,20
Resolución de problemas	3,27	3,10	3,00	3,10
Capacidad de análisis y síntesis	3,07	3,40	2,72	3,00
Conocimientos de informática relativos al ámbito de estudio	2,92	3,20	2,92	3,00
Capacidad de gestión de la información	3,00	3,20	2,78	2,90
Toma de decisiones	3,00	2,80	2,64	2,80

Tabla 3. Competencias transversales instrumentales según el Libro Blanco (Muñoz Raya y ANECA, 2004: 81)[11]

	Licenciados	Profesores	Empleadores	MEDIA
Compromiso ético	3,57	3,10	2,98	3,20
Razonamiento critico	2,87	3,80	2,96	3,20
Reconocimiento de la diversidad y la multiculturalidad	3,08	3,10	2,74	2,90
Habilidades en las relaciones interpersonales	3,17	2,80	2,70	2,89
Trabajo en equipo	2,80	2,90	2,78	2,82
Trabajo en un contexto internacional	2,90	3,00	2,54	2,80
Trabajo en un equipo de carácter interdisciplinar	2,45	2,90	2,78	2,70

Tabla 4. Competencias transversales personales según el Libro Blanco (Muñoz Raya y ANECA, 2004: 82)

	Licenciados	Profesores	Empleadores	MEDIA
Motivación por la calidad	3,59	3,50	3,36	3,40
Aprendizaje autónomo	3,40	3,40	3,02	3,20
Adaptación a nuevas situaciones	3,28	3,20	3,06	3,1
Conocimientos de otras culturas y costumbres	3,07	3,40	2,74	3,07
Creatividad	2,79	2,90	2,68	2,70
Iniciativa y espíritu emprendedor	2,84	2,70	2,80	2,70
Liderazgo	2,09	2,00	2,04	2,03
Sensibilidad hacia temas medioambientales	1,73	1,70	–	1,70

Tabla 5. Competencias transversales sistémicas según el Libro Blanco (Muñoz Raya y ANECA, 2004: 82)

11 La puntuación de las columnas Licenciados, Profesores y Empleadores hace referencia a la importancia que dichos grupos otorgaron a las distintas competencias en las encuestas llevadas a cabo y la columna final refleja la media de los tres grupos.

	Licenciados	Profesores	Empleadores	MEDIA
Capacidad de aplicar los conocimientos a la práctica	3,40	3,40	3,32	3,30
Capacidad de trabajo individual	3,40	3,40	3,02	3,20
Diseño y gestión de proyectos	2,06	2,20	2,38	2,20

Tabla 6. Otras competencias genéricas según el Libro Blanco (Muñoz Raya y ANECA, 2004: 83)

	Licenciados	Profesores	Empleadores	MEDIA
Dominio de dos lenguas extranjeras	57,0	60	16	44,4
Dominio de la lengua propia, escrita y oral	20,0	59	12	30,5
Conocimiento de culturas y civilizaciones extranjeras	15,0	45	–	20,0
Capacidad de análisis y síntesis	–	50	–	16,7
Dominio de técnicas de traducción asistida/localización	6,3	32	–	12,8
Conocimiento de los aspectos económicos profesionales y del mercado	–	24	12	12,0
Capacidad de trabajo en equipo	–	–	18	6,0
Dominio de técnicas y terminología de la traducción especializada	17,0	–	–	5,7
Manejo de herramientas informáticas	17,0	–	–	5,5
Destreza para la búsqueda de información/documentación	6,0	–	–	2,0

Tabla 7. Competencias disciplinares específicas según el Libro Blanco (Muñoz Raya y ANECA, 2004: 88)

	Licenciados	Profesores	Empleadores	MEDIA
Dominio de herramientas informáticas	47	54	20	40,2
Dominio de las técnicas de edición, maquetación y revisión textual	–	45	8	17,7
Organizar el trabajo y gestionar y coordinar proyectos	21	–	18	13,0
Capacidad de tomar decisiones	–	35	–	11,7
Capacidad de aplicar los conocimientos a la práctica	–	32	–	10,7
Capacidad de diseñar y gestionar proyectos	–	28	–	9,3
Facilidad para las relaciones humanas	12	–	12	8,1
Destrezas de traducción	7,6	–	10	5,9
Rigor y seriedad en el trabajo	7,6	–	10	5,9
Uso de herramientas de traducción asistida	7,3	–	8	5,1

Tabla 8. Competencias profesionales específicas según el Libro Blanco (Muñoz Raya y ANECA, 2004: 89)

	Licenciados	Profesores	Empleadores	MEDIA
Capacidad de aprendizaje autónomo	–	55	–	18,33
Conocimientos de cultura general y civilización	6,7	32	12	16,90
Capacidad de razonamiento crítico	–	50	–	16,67
Poseer una gran competencia sociolingüística	–	48	–	16,00
Formación universitaria específica	9,2	–	18	9,07
Conocimiento de idiomas	16,0	–	10	8,73
Conocimientos de informática profesional y TAO	7,9	–	16	7,97
Saber reconocer la diversidad y multiculturalidad	–	19	–	6,33
Dominio oral y escrito de la lengua propia	–	–	14	4,67

Tabla 9. Competencias académicas específicas según el Libro Blanco (Muñoz Raya y ANECA, 2004: 89)

	Licenciados	Profesores	Empleadores	MEDIA
Dominio de dos lenguas extranjeras	73,0	60,0	42	58,4
Excelencia en la lengua propia	23,0	59,0	44	41,9
Dominio de la informática (sin detallar)	24,0	54,0	42	39,9
Dominio de la traducción asistida, la localización y la maquetación	21,0	54,0	38	37,5
Cultura general y civilización	25,0	45,0	26	31,8
Capacidad de aprendizaje autónomo	8,3	55,0	12	25,1
Gestionar proyectos y organizar el trabajo	26,0	28,0	12	22,0
Rigor en la revisión y control de calidad	15,0	23,2	24	20,8
Capacidad de análisis y síntesis	7,6	50,0	–	19,2
Dominar la gestión y administración de empresa y conocer el mercado	15,0	24,0	18	18,9
Capacidad de relacionarse profesionalmente	15,0	–	24	12,8
Capacidad de traducir	–	–	34	11,3
Buscar información y documentación	19,0	–	12	10,3
Contar con conocimientos transversales	–	–	28	9,3
Trabajar en equipo	7,0	–	16	7,6
Capacidad de traducir textos especializados	23,0	–	–	7,5
Formación universitaria específica	7,6	–	10	5,8

Tabla 10. Competencias específicas en general según el Libro Blanco (Muñoz Raya y ANECA, 2004: 90)

	Traductor	Mediador lingüístico y cultural	Intérprete de enlace	Lector editorial, redactor, corrector, revisor	Lexicógrafo, terminólogo y gestor de proyectos lingüísticos	Docente de lenguas
Comunicación oral y escrita en la lengua nativa	3,94	3,80	3,94	4,00	3,77	4,00
Conocimiento de una 2ª lengua extranjera	3,93	4,00	3,94	4,00	3,77	3,92
Capacidad de organización y planificación	3,43	3,27	3,29	3,88	3,67	3,33
Resolución de problemas	3,40	3,40	3,18	3,63	3,15	3,08
Capacidad de análisis y síntesis	3,25	2,93	3,47	3,38	3,62	3,42
Conocimientos de informática relativos al ámbito de estudio	3,32	3,07	3,35	3,38	3,58	2,75
Capacidad de gestión de la información	3,40	3,47	3,41	3,75	3,31	3,08
Toma de decisiones	3,25	2,93	3,47	3,38	3,62	3,42

Tabla 11. Competencias transversales instrumentales y perfiles profesionales (Muñoz Raya y ANECA, 2004: 94)

	Traductor	Mediador lingüístico y cultural	Intérprete de enlace	Lector editorial, redactor, corrector, revisor	Lexicógrafo, terminólogo y gestor de proyectos lingüísticos	Docente de lenguas
Compromiso ético	3,09	3,67	3,41	3,63	3,15	3,42
Razonamiento critico	3,34	3,67	3,65	3,63	3,23	3,75
Reconocimiento de la diversidad y la multiculturalidad	3,17	3,73	3,71	3,50	3,31	3,42
Habilidades en las relaciones interpersonales	2,85	3,20	3,53	3,13	2,77	3,33
Trabajo en equipo	2,90	3,13	3,29	3,50	3,08	3,17
Trabajo en un contexto internacional	3,19	3,71	3,27	3,13	3,15	3,08
Trabajo en un equipo de carácter interdisciplinar	2,91	3,20	3,24	3,25	3,15	3,33

Tabla 12. Competencias transversales personales y perfiles profesionales (Muñoz Raya y ANECA, 2004: 95)

	Traductor	Mediador lingüístico y cultural	Intérprete de enlace	Lector editorial, redactor, corrector, revisor	Lexicógrafo, terminólogo y gestor de proyectos lingüísticos	Docente de lenguas
Motivación por la calidad	3,72	3,64	3,88	3,63	3,77	3,75
Aprendizaje autónomo	3,74	3,60	3,76	3,63	3,31	3,75
Adaptación a nuevas situaciones	3,61	3,73	3,88	3,25	3,31	3,83
Conocimientos de otras culturas y costumbres	3,39	3,53	3,59	3,63	3,23	3,50
Creatividad	3,74	3,67	3,59	3,88	3,85	3,58
Iniciativa y espíritu emprendedor	3,06	2,93	3,12	3,38	2,54	3,50
Liderazgo	3,57	3,60	3,71	3,38	3,31	3,67
Sensibilidad medioambiental	2,88	3,00	2,61	2,88	2,92	2,75
Capacidad de aplicar conocimientos a la práctica	2,13	2,40	2,35	2,50	2,92	2,50
Diseño y gestión de proyectos	2,06	2,13	2,33	1,88	2,54	2,50

Tabla 13. Competencias transversales sistémicas y perfiles profesionales (Muñoz Raya y ANECA, 2004: 95)

	Traductor	Mediador lingüístico y cultural	Intérprete de enlace	Lector editorial, redactor, corrector, revisor	Lexicógrafo, terminólogo y gestor de proyectos lingüísticos	Docente de lenguas
Dominio de dos lenguas extranjeras	3,91	2,88	3,45	3,88	3,27	3,58
Dominio de la lengua propia, escrita y oral	3,32	3,84	3,38	3,72	2,95	3,13
Conocimiento de culturas y civilizaciones extranjeras	2,32	3,11	2,26	2,86	2,71	2,48
Capacidad de análisis y síntesis	1,81	2,82	2,87	2,22	2,36	2,46
Dominio de traducción asistida / localización	3,57	1,30	1,78	1,90	3,08	1,54
Conocimiento de los aspectos económicos, profesionales y del mercado	2,40	2,33	1,79	3,00	1,29	1,99
Capacidad de trabajo en equipo	3,56	1,22	1,33	2,11	3,27	1,29
Manejo de herramientas informáticas	3,33	1,70	1,67	3,21	3,50	1,01

Tabla 14. Competencias disciplinares específicas y perfiles profesionales (Muñoz Raya y ANECA, 2004: 96)

	Traductor	Mediador lingüístico y cultural	Intérprete de enlace	Lector editorial, redactor, corrector, revisor	Lexicógrafo, terminólogo y gestor de proyectos lingüísticos	Docente de lenguas
Dominio de herramientas informáticas	3,63	1,98	2,35	3,90	3,47	2,49
Dominio de las técnicas de edición, maquetación y revisión textual	3,38	2,67	2,84	2,81	3,19	2,11
Organizar el trabajo y gestionar y coordinar proyectos	3,44	1,57	2,39	3,75	2,94	1,38
Capacidad de tomar decisiones	1,00	2,36	2,68	2,70	3,78	2,35
Capacidad de aplicar los conocimientos a la práctica	3,67	2,76	1,96	3,00	2,88	2,39
Capacidad de diseñar y gestionar proyectos	3,47	2,72	2,28	3,11	2,68	2,17
Facilidad para las relaciones humanas	3,62	2,44	1,91	2,59	3,81	1,62
Destrezas de traducción	3,82	2,16	2,96	2,61	2,65	1,40
Rigor y seriedad en el trabajo	3,18	3,41	2,32	2,48	2,62	1,38
Dominio de herramientas de traducción asistida por ordenador	3,67	1,67	1,47	3,00	2,88	1,80

Tabla 15. Competencias profesionales específicas y perfiles profesionales (Muñoz Raya y ANECA, 2004: 96)

	Traductor	Mediador lingüístico y cultural	Intérprete de enlace	Lector editorial, redactor, corrector, revisor	Lexicógrafo, terminólogo y gestor de proyectos lingüísticos	Docente de lenguas
Capacidad de aprendizaje autónomo	3,37	3,00	3,90	3,20	3,93	3,68
Conocimientos de cultura general y civilización	3,00	3,24	3,21	3,50	3,50	3,20
Capacidad de razonamiento crítico	3,36	1,00	3,38	2,28	3,73	3,00
Poseer una gran competencia sociolingüística	3,00	–	–	–	2,13	2,00
Poseer formación superior	2,00	1,87	1,90	3,25	2,16	2,37
Conocimientos de idiomas	4,00	3,00	4,00	2,99	3,00	3,75
Conocimientos de informática profesional y TAO	3,50	1,50	1,23	3,50	3,00	2,75
Saber reconocer la diversidad y multiculturalidad	3,40	–	4,00	–	4,00	–
Dominio oral y escrito de la lengua propia	4,00	3,05	2,51	3,78	2,50	3,75

Tabla 16. Competencias académicas específicas y perfiles profesionales (Muñoz Raya y ANECA, 2004: 97)

Anexo 3. Evaluación inicial para la propuesta didáctica

Evaluación inicial

1. ¿Cuáles son tus lenguas de trabajo?
   Lengua materna:
   Segundas lenguas:

2. ¿Has disfrutado de alguna estancia en el extranjero en un país de algunas de tus lenguas de trabajo?
   SI/NO

   En caso afirmativo, ¿dónde? ¿cuánto tiempo?

3. ¿Has realizado algún encargo profesional?
   SI/NO

   En caso afirmativo, ¿qué tipo de texto era?

4. ¿Qué estudios cursaste antes de acceder a Traducción e Interpretación?
   - Bachillerato
     Modalidad:
   - Formación profesional
     Modalidad:
   - Titulación universitaria
     Modalidad:
   - Otros (señala cuáles):

5. De las siguientes temáticas, señala en orden de prioridad aquellas que más te interesan a nivel personal y profesional:
   Técnica
   Científica
   Jurídica/institucional
   Económica

Localización de software
Localización de páginas web
Localización de videojuegos
Otras (señala cuáles):

6. Al margen de la formación universitaria, ¿has adquirido conocimientos en algunas de las temáticas anteriores, ya sea en lo relativo a la traducción o no?
SI/NO

Indica cuál y el tipo de formación:

7. ¿Cómo definirías tu nivel de conocimientos en informática general?
Muy bueno   Bueno   Normal   Regular   Malo

8. Marca qué herramientas conoces y manejas a nivel de usuario básico y en cuáles te consideras un usuario avanzado:
Procesador de texto (p. ej. Microsoft Word)
Bases de datos (p. ej. Microsoft Access)
Hojas de cálculo (p. ej. Microsoft Excel)
Herramientas PDF (p. ej. Adobe Reader)
Navegador web (p. ej. Firefox, Chrome)
Clientes de correo (p. ej. Outlook)
Antivirus/Antiespías
Compresores de archivos (p. ej. Winzip)
Editores de imágenes (p. ej. Photoshop)
Herramientas de almacenamiento en la nube (p. ej. Dropbox)
Otras (especifica cuáles):

9. ¿Qué herramientas de traducción asistida conoces y has manejado al menos en un nivel inicial?
Trados 2007
SDLX
Studio 2009/2011/2014

Multiterm
Translation Workspace
Wordfast
OmegaT
Déjà Vu
Across
MemoQ
SDL Passolo
Alchemy Catalyst
Transit
Google Translator Toolkit
Idiom
CatsCradle
Otras (especifica cuáles):

10. ¿Sigues blogs de profesionales de la traducción o sus cuentas profesionales en Twitter?
SI/NO

11. ¿Sabes qué es un recuento compensado (*weighted wordcount*)?
SI/NO

En caso afirmativo, proporciona una definición.

12. ¿Sabrías elaborar un presupuesto y una factura para un cliente?
SI/NO

En caso afirmativo, ¿cuáles son los datos básicos que debe incluir?

13. ¿Podrías definir algunos de los siguientes términos/siglas?
Heads-up:
Hand-off:
PO:
LQI:

QA:

LSO:

PM:

14. Proporciona una traducción a los siguientes segmentos:

Back:	Next:	Unsupported:
Invalid:	#4:	Checkbox:
Refresh:	Run:	Please click the Exit button:

Anexo 4. Categorías y puntuación de los errores del modelo de QA elaborado por la LISA (SDL, en línea)[12]

	Doc Language		
	Minor	Major	Critical
Mistranslation	1	5	10
Accuracy	1	5	10
Terminology	1	5	10
Language	1	5	10
Style	1	5	10
Country	1	5	10
Consistency	1	5	10

	Doc Formatting		
	Minor	Major	Critical
Layout	1	5	10
Typography	1	5	10
Graphics	1	5	10
Call Outs and Captions	1	5	10
TOC	1	5	10
Index	1	5	10

	Help Formatting		
	Minor	Major	Critical
Index	1	5	10
Layout	1	5	10
Typography	1	5	10
Graphics	1	5	10

12 SDL. «LISA QA Metric» [en línea]. Disponible en: http://producthelp.sdl.com/SDL_TMS_2011/en/Creating_and_Maintaining_Organizations/Managing_QA_Models/LISA_QA_Model.htm [Última consulta 07/04/2016].

	Software Formatting		
	Minor	Major	Critical
Graphics	1	5	10
Alignment	1	5	10
Sizing	1	5	10
Truncation/Overlap	1	5	10
Character Formatting	1	5	10

	Software Functionality Testing		
	Minor	Major	Critical
Localizable Text	1	5	10
Dialog Functionality	1	5	10
Menu Functionality	1	5	10
Hotkeys/Accelerators	1	5	10
Jumps/Links	1	5	10

TRANSÜD. Arbeiten zur Theorie und Praxis des Übersetzens und Dolmetschens

Die Bände 1 bis 5 sind bei der Peter Lang GmbH erschienen und dort zu beziehen.

Bd. 6 Przemysław Chojnowski: Zur Strategie und Poetik des Übersetzens. Eine Untersuchung der Anthologien zur polnischen Lyrik von Karl Dedecius. 300 Seiten. ISBN 978-3-86596-013-9

Bd. 7 Belén Santana López: Wie wird *das Komische* übersetzt? *Das Komische* als Kulturspezifikum bei der Übersetzung spanischer Gegenwartsliteratur. 456 Seiten. ISBN 978-3-86596-006-1

Bd. 8 Larisa Schippel (Hg.): Übersetzungsqualität: Kritik – Kriterien – Bewertungshandeln. 194 Seiten. ISBN 978-3-86596-075-7

Bd. 9 Anne-Kathrin D. Ende: Dolmetschen im Kommunikationsmarkt. Gezeigt am Beispiel Sachsen. 228 Seiten. ISBN 978-3-86596-073-3

Bd. 10 Sigrun Döring: Kulturspezifika im Film: Probleme ihrer Translation. 156 Seiten. ISBN 978-3-86596-100-6

Bd. 11 Hartwig Kalverkämper: „Textqualität". Die Evaluation von Kommunikationsprozessen seit der antiken Rhetorik bis zur Translationswissenschaft. ISBN 978-3-86596-110-5

Bd. 12 Yvonne Griesel: Die Inszenierung als Translat. Möglichkeiten und Grenzen der Theaterübertitelung. 362 Seiten. ISBN 978-3-86596-119-8

Bd. 13 Hans J. Vermeer: Ausgewählte Vorträge zur Translation und anderen Themen. Selected Papers on Translation and other Subjects. 286 Seiten. ISBN 978-3-86596-145-7

Bd. 14 Erich Prunč: Entwicklungslinien der Translationswissenschaft. Von den Asymmetrien der Sprachen zu den Asymmetrien der Macht. 442 Seiten. ISBN 978-3-86596-146-4 (vergriffen, siehe Band 43 der Reihe)

Bd. 15 Valentyna Ostapenko: Vernetzung von Fachtextsorten. Textsorten der Normung in der technischen Harmonisierung. 128 Seiten. ISBN 978-3-86596-155-6

Bd. 16 Larisa Schippel (Hg.): TRANSLATIONSKULTUR – ein innovatives und produktives Konzept. 340 Seiten. ISBN 978-3-86596-158-7

Bd. 17 Hartwig Kalverkämper/Larisa Schippel (Hg.): Simultandolmetschen in Erstbewährung: Der Nürnberger Prozess 1945. Mit einer orientierenden Einführung von Klaus Kastner und einer kommentierten fotografischen Dokumentation von Theodoros Radisoglou sowie mit einer dolmetsch-wissenschaftlichen Analyse von Katrin Rumprecht. 344 Seiten. ISBN 978-3-86596-161-7

TRANSÜD. Arbeiten zur Theorie und Praxis des Übersetzens und Dolmetschens

Bd. 18 Regina Bouchehri: Filmtitel im interkulturellen Transfer. 174 Seiten.
ISBN 978-3-86596-180-8

Bd. 19 Michael Krenz/Markus Ramlow: Maschinelle Übersetzung und XML im Übersetzungsprozess. Prozesse der Translation und Lokalisierung im Wandel. Zwei Beiträge, hg. von Uta Seewald-Heeg. 368 Seiten. ISBN 978-3-86596-184-6

Bd. 20 Hartwig Kalverkämper/Larisa Schippel (Hg.): Translation zwischen Text und Welt – Translationswissenschaft als historische Disziplin zwischen Moderne und Zukunft. 700 Seiten. ISBN 978-3-86596-202-7

Bd. 21 Nadja Grbić/Sonja Pöllabauer: Kommunaldolmetschen/Community Interpreting. Probleme – Perspektiven – Potenziale. Forschungsbeiträge aus Österreich. 380 Seiten. ISBN 978-3-86596-194-5

Bd. 22 Agnès Welu: Neuübersetzungen ins Französische – eine kulturhistorische Übersetzungskritik. Eichendorffs *Aus dem Leben eines Taugenichts*. 506 Seiten. ISBN 978-3-86596-193-8

Bd. 23 Martin Slawek: Interkulturell kompetente Geschäftskorrespondenz als Garant für den Geschäftserfolg. Linguistische Analysen und fachkommunikative Ratschläge für die Geschäftsbeziehungen nach Lateinamerika (Kolumbien). 206 Seiten. ISBN 978-3-86596-206-5

Bd. 24 Julia Richter: Kohärenz und Übersetzungskritik. Lucian Boias Analyse des rumänischen Geschichtsdiskurses in deutscher Übersetzung. 142 Seiten. ISBN 978-3-86596-221-8

Bd. 25 Anna Kucharska: Simultandolmetschen in defizitären Situationen. Strategien der translatorischen Optimierung. 170 Seiten. ISBN 978-3-86596-244-7

Bd. 26 Katarzyna Lukas: Das Weltbild und die literarische Konvention als Übersetzungsdeterminanten. Adam Mickiewicz in deutschsprachigen Übertragungen. 402 Seiten. ISBN 978-3-86596-238-6

Bd. 27 Markus Ramlow: Die maschinelle Simulierbarkeit des Humanübersetzens. Evaluation von Mensch-Maschine-Interaktion und der Translatqualität der Technik. 364 Seiten. ISBN 978-3-86596-260-7

Bd. 28 Ruth Levin: Der Beitrag des Prager Strukturalismus zur Translationswissenschaft. Linguistik und Semiotik der literarischen Übersetzung. 154 Seiten. ISBN 978-3-86596-262-1

Bd. 29 Iris Holl: Textología contrastiva, derecho comparado y traducción jurídica. Las sentencias de divorcio alemanas y españolas. 526 Seiten. ISBN 978-3-86596-324-6

TRANSÜD. Arbeiten zur Theorie und Praxis des Übersetzens und Dolmetschens

Bd. 30 Christina Korak: Remote Interpreting via Skype. Anwendungsmöglichkeiten von VoIP-Software im Bereich Community Interpreting – Communicate everywhere? 202 Seiten. ISBN 978-3-86596-318-5

Bd. 31 Gemma Andújar/Jenny Brumme (eds.): Construir, deconstruir y reconstruir. Mímesis y traducción de la oralidad y la afectividad. 224 Seiten. ISBN 978-3-86596-234-8

Bd. 32 Christiane Nord: Funktionsgerechtigkeit und Loyalität. Theorie, Methode und Didaktik des funktionalen Übersetzens. 338 Seiten. ISBN 978-3-86596-330-7

Bd. 33 Christiane Nord: Funktionsgerechtigkeit und Loyalität. Die Übersetzung literarischer und religiöser Texte aus funktionaler Sicht. 304 Seiten. ISBN 978-3-86596-331-4

Bd. 34 Małgorzata Stanek: Dolmetschen bei der Polizei. Zur Problematik des Einsatzes unqualifizierter Dolmetscher. 262 Seiten. ISBN 978-3-86596-332-1

Bd. 35 Dorota Karolina Bereza: Die Neuübersetzung. Eine Hinführung zur Dynamik literarischer Translationskultur. 108 Seiten. ISBN 978-3-86596-255-3

Bd. 36 Montserrat Cunillera/Hildegard Resinger (eds.): Implicación emocional y oralidad en la traducción literaria. 230 Seiten. ISBN 978-3-86596-339-0

Bd. 37 Ewa Krauss: Roman Ingardens „Schematisierte Ansichten" und das Problem der Übersetzung. 226 Seiten. ISBN 978-3-86596-315-4

Bd. 38 Miriam Leibbrand: Grundlagen einer hermeneutischen Dolmetschforschung. 324 Seiten. ISBN 978-3-86596-343-7

Bd. 39 Pekka Kujamäki/Leena Kolehmainen/Esa Penttilä/Hannu Kemppanen (eds.): Beyond Borders – Translations Moving Languages, Literatures and Cultures. 272 Seiten. ISBN 978-3-86596-356-7

Bd. 40 Gisela Thome: Übersetzen als interlinguales und interkulturelles Sprachhandeln. Theorien – Methodologie – Ausbildung. 622 Seiten. ISBN 978-3-86596-352-9

Bd. 41 Radegundis Stolze: The Translator's Approach – Introduction to Translational Hermeneutics. Theory and Examples from Practice. 304 Seiten. ISBN 978-3-86596-373-4

Bd. 42 Silvia Roiss/Carlos Fortea Gil/María Ángeles Recio Ariza/Belén Santana López/Petra Zimmermann González/Iris Holl (eds.): En las vertientes de la traducción e interpretación del/al alemán. 582 Seiten. ISBN 978-3-86596-326-0

TransÜD. Arbeiten zur Theorie und Praxis des Übersetzens und Dolmetschens

Bd. 56 Yvonne Sanz López: Videospiele übersetzen – Probleme und Optimierung. 126 Seiten. ISBN 978-3-86596-541-7

Bd. 57 Irina Bondas: Theaterdolmetschen – Phänomen, Funktionen, Perspektiven. 240 Seiten. ISBN 978-3-86596-540-0

Bd. 58 Dinah Krenzler-Behm: Authentische Aufträge in der Übersetzerausbildung. Ein Leitfaden für die Translationsdidaktik. 480 Seiten. ISBN 978-3-86596-498-4

Bd. 59 Anne-Kathrin Ende/Susann Herold/Annette Weilandt (Hg.): Alles hängt mit allem zusammen. Translatologische Interdependenzen. Festschrift für Peter A. Schmitt. 544 Seiten. ISBN 978-3-86596-504-2

Bd. 60 Saskia Weber: Kurz- und Kosenamen in russischen Romanen und ihre deutschen Übersetzungen. 256 Seiten. ISBN 978-3-7329-0002-2

Bd. 61 Silke Jansen/Martina Schrader-Kniffki (eds.): La traducción a través de los tiempos, espacios y disciplinas. 366 Seiten. ISBN 978-3-86596-524-0

Bd. 62 Annika Schmidt-Glenewinkel: Kinder als Dolmetscher in der Arzt-Patienten-Interaktion. 130 Seiten. ISBN 978-3-7329-0010-7

Bd. 63 Klaus-Dieter Baumann/Hartwig Kalverkämper (Hg.): Theorie und Praxis des Dolmetschens und Übersetzens in fachlichen Kontexten. 756 Seiten. ISBN 978-3-7329-0016-9

Bd. 64 Silvia Ruzzenenti: «Präzise, doch ungenau» – Tradurre il saggio. Un approccio olistico al *poetischer Essay* di Durs Grünbein. 406 Seiten. ISBN 978-3-7329-0026-8

Bd. 65 Margarita Zoe Giannoutsou: Kirchendolmetschen – Interpretieren oder Transformieren? 498 Seiten. ISBN 978-3-7329-0067-1

Bd. 66 Andreas F. Kelletat/Aleksey Tashinskiy (Hg.): Übersetzer als Entdecker. Ihr Leben und Werk als Gegenstand translationswissenschaftlicher und literaturgeschichtlicher Forschung. 376 Seiten. ISBN 978-3-7329-0060-2

Bd. 67 Ulrike Spieler: Übersetzer zwischen Identität, Professionalität und Kulturalität: Heinrich Enrique Beck. 340 Seiten. ISBN 978-3-7329-0107-4

Bd. 68 Carmen Klaus: Translationsqualität und Crowdsourced Translation. Untertitelung und ihre Bewertung – am Beispiel des audiovisuellen Mediums *TEDTalk*. 180 Seiten. ISBN 979-3-7329-0031-1

Bd. 69 Susanne J. Jekat/Heike Elisabeth Jüngst/Klaus Schubert/Claudia Villiger (Hg.): Sprache barrierefrei gestalten. Perspektiven aus der Angewandten Linguistik. 276 Seiten. ISBN 978-3-7329-0023-7

TransÜD. Arbeiten zur Theorie und Praxis des Übersetzens und Dolmetschens

Bd. 70 Radegundis Stolze: Hermeneutische Übersetzungskompetenz. Grundlagen und Didaktik. 402 Seiten. ISBN 978-3-7329-0122-7

Bd. 71 María Teresa Sánchez Nieto (ed.): Corpus-based Translation and Interpreting Studies: From description to application / Estudios traductológicos basados en corpus: de la descripción a la aplicación. 268 Seiten. ISBN 978-3-7329-0084-8

Bd. 72 Karin Maksymski/Silke Gutermuth/Silvia Hansen-Schirra (eds.): Translation and Comprehensibility. 296 Seiten. ISBN 978-3-7329-0022-0

Bd. 73 Hildegard Spraul: Landeskunde Russland für Übersetzer. Sprache und Werte im Wandel. Ein Studienbuch. 360 Seiten. ISBN 978-3-7329-0109-8

Bd. 74 Ralph Krüger: The Interface between Scientific and Technical Translation Studies and Cognitive Linguistics. With Particular Emphasis on Explicitation and Implicitation as Indicators of Translational Text-Context Interaction. 482 Seiten. ISBN 978-3-7329-0136-4

Bd. 75 Erin Boggs: Interpreting U.S. Public Diplomacy Speeches. 154 Seiten. ISBN 978-3-7329-0150-0

Bd. 76 Nathalie Mälzer (Hg.): Comics – Übersetzungen und Adaptionen. 404 Seiten. ISBN 978-3-7329-0131-9

Bd. 77 Sophie Beese: Das (zweite) andere Geschlecht – der Diskurs „Frau" im Wandel. Simone de Beauvoirs *Le deuxième sexe* in deutscher Erst- und Neuübersetzung. 264 Seiten. ISBN 978-3-7329-0141-8

Bd. 78 Xenia Wenzel: Die Übersetzbarkeit philosophischer Diskurse. Eine Übersetzungskritik an den beiden englischen Übersetzungen von Heideggers *Sein und Zeit*. 162 Seiten. ISBN 978-3-7329-0199-9

Bd. 79 María-José Varela Salinas/Bernd Meyer (eds.): Translating and Interpreting Healthcare Discourses/Traducir e interpretar en el ámbito sanitario. 266 Seiten. ISBN 978-3-86596-367-3

Bd. 80 Susanne Hagemann: Einführung in das translationswissenschaftliche Arbeiten. Ein Lehr- und Übungsbuch. 360 Seiten. ISBN 978-3-7329-0125-8

Bd. 81 Anja Maibaum: Spielfilm-Synchronisation. Eine translationskritische Analyse am Beispiel amerikanischer Historienfilme über den Zweiten Weltkrieg. 144 Seiten. ISBN 978-3-7329-0220-0

Bd. 82 Sybille Schellheimer: La función evocadora de la fraseología en la oralidad ficcional y su traducción. 356 Seiten. ISBN 978-3-7329-0232-3

TRANSÜD. Arbeiten zur Theorie und Praxis des Übersetzens und Dolmetschens

Bd. 83 Franziska Heidrich: Kommunikationsoptimierung im Fachübersetzungsprozess. 276 Seiten. ISBN 978-3-7329-0262-0

Bd. 84 Cristina Plaza Lara: Integración de la competencia instrumental-profesional en el aula de traducción. 222 Seiten. ISBN 978-3-7329-0309-2

Bd. 85 Andreas F. Kelletat/Aleksey Tashinskiy/Julija Boguna (Hg.): Übersetzerforschung. Neue Beiträge zur Literatur- und Kulturgeschichte des Übersetzens. 366 Seiten. ISBN 978-3-7329-0234-7

Bd. 86 Heidrun Witte: Blickwechsel. Interkulturelle Wahrnehmung im translatorischen Handeln. 274 Seiten. ISBN 978-3-7329-0333-7

Bd. 87 Susanne Hagemann/Julia Neu/Stephan Walter (Hg.): Translationslehre und Bologna-Prozess: Unterwegs zwischen Einheit und Vielfalt / Translation/Interpreting Teaching and the Bologna Process: Pathways between Unity and Diversity. 434 Seiten. ISBN 978-3-7329-0311-5

Bd. 88 Ursula Wienen/Laura Sergo/Tinka Reichmann/Ivonne Gutiérrez Aristizábal (Hg.): Translation und Ökonomie. 274 Seiten. ISBN 978-3-7329-0203-3

Bd. 89 Daniela Eichmeyer: Luftqualität in Dolmetschkabinen als Einflussfaktor auf die Dolmetschqualität. Interdisziplinäre Erkenntnisse und translationspraktische Konsequenzen. 144 Seiten. ISBN 978-3-7329-0362-7

Bd. 90 Alexander Künzli: Die Untertitelung – von der Produktion zur Rezeption. 264 Seiten. ISBN 978-3-7329-0393-1

Bd. 91 Christiane Nord: Traducir, una actividad con propósito. Introducción a los enfoques funcionalistas. 228 Seiten. ISBN 978-3-7329-0410-5

Bd. 92 Fabjan Hafner/Wolfgang Pöckl (Hg.): „... übersetzt von Peter Handke" – Philologische und translationswissenschaftliche Analysen. 294 Seiten. ISBN 978-3-7329-0443-3

Bd. 93 Elisabeth Gibbels: Lexikon der deutschen Übersetzerinnen 1200–1850. 216 Seiten. ISBN 978-3-7329-0422-8

Bd. 94 Encarnación Postigo Pinazo: Optimización de las competencias del traductor e intérprete. Nuevas tecnologías – procesos cognitivos – estrategias. 194 Seiten. ISBN 978-3-7329-0392-4

Bd. 95 Marta Estévez Grossi: Lingüística Migratoria e Interpretación en los Servicios Públicos. La comunidad gallega en Alemania. 574 Seiten. ISBN 978-3-7329-0411-2

TRANSÜD. Arbeiten zur Theorie und Praxis des Übersetzens und Dolmetschens

Bd. 96 Ivana Havelka: Videodolmetschen im Gesundheitswesen. Dolmetschwissenschaftliche Untersuchung eines österreichischen Pilotprojektes. 346 Seiten. ISBN 978-3-7329-0490-7

Bd. 97 Maria Mushchinina (Hg.): Formate der Translation. 340 Seiten. ISBN 978-3-7329-0506-5

Bd. 98 Zehra Gülmüş: Übersetzungsverfahren beim literarischen Übersetzen. Ahmet Hamdi Tanpınars Roman „Das Uhrenstellinstitut". 196 Seiten. ISBN 978-3-7329-0498-3

Bd. 99 Peter Sandrini: Translationspolitik für Regional- oder Minderheitensprachen. Unter besonderer Berücksichtigung einer Strategie der Offenheit. 524 Seiten. ISBN 978-3-7329-0513-3

Bd. 100 Aleksey Tashinskiy/Julija Boguna (Hg.): Das WIE des Übersetzens. Beiträge zur historischen Übersetzerforschung. 248 Seiten. ISBN 978-3-7329-0536-2

Bd. 101 Heike Elisabeth Jüngst/Lisa Link/Klaus Schubert/Christiane Zehrer (eds.): Challenging Boundaries. New Approaches to Specialized Communication. 228 Seiten. ISBN 978-3-7329-0524-9

Bd. 102 Chuan Ding: „Peterchens Mondfahrt" in chinesischer Übersetzung. Eine Kritik. 124 Seiten. ISBN 978-3-7329-0528-7

Bd. 103 Changgun Kim: Übersetzen von Videospieltexten. Nekrotexte lesen und übersetzen. 164 Seiten. ISBN 978-3-7329-0379-5

Bd. 104 Guntars Dreijers/Agnese Dubova/Jānis Veckrācis (eds.): Bridging Languages and Cultures. Linguistics, Translation Studies and Intercultural Communication. 338 Seiten. ISBN 978-3-7329-0429-7

Bd. 105 Madeleine Schnierer: Qualitätssicherung. Die Praxis der Übersetzungsrevision im Zusammenhang mit EN 15038 und ISO 17100. 286 Seiten. ISBN 978-3-7329-0539-3

Bd. 106 Lavinia Heller/Tomasz Rozmysłowicz (Hg.): Translation und Interkulturelle Kommunikation / Translation and Intercultural Communication. Beiträge zur Theorie, Empirie und Praxis kultureller Austauschprozesse / Theoretical, Empirical and Practical Perspectives on Cultural Exchanges. 178 Seiten. ISBN 978-3-7329-0351-1

Bd. 107 Brita Dorer: Advance Translation as a Means of Improving Source Questionnaire Translatability? Findings from a Think-Aloud Study for French and German. 554 Seiten. ISBN 978-3-7329-0594-2

Bd. 108 Annegret Sturm: Theory of Mind in Translation. 334 Seiten. ISBN 978-3-7329-0492-1

TRANSÜD. Arbeiten zur Theorie und Praxis des Übersetzens und Dolmetschens

Bd. 109 Akkad Alhussein: Vom Zieltext zum Ausgangstext. Das Problem der retroflexen Wirksamkeit der Translation. 290 Seiten. ISBN 978-3-7329-0679-6

Bd. 110 Ursula Stachl-Peier/Eveline Schwarz (Hg./eds.): Ressourcen und Instrumente der translationsrelevanten Hochschuldidaktik / Resources and Tools for T&I Education. Lehrkonzepte, Forschungsberichte, Best-Practice-Modelle / Research Studies, Teaching Concepts, Best-Practice Results. 308 Seiten. ISBN 978-3-7329-0685-7

Bd. 111 Guntars Dreijers/Jānis Sīlis/Silga Sviķe/Jānis Veckrācis (eds.): Bridging Languages and Cultures II. Linguistics, Translation Studies and Intercultural Communication. 258 Seiten. ISBN 978-3-7329-0705-2

Bd. 112 Anu Viljanmaa: Professionelle Zuhörkompetenz und Zuhörfilter beim Dialogdolmetschen. 580 Seiten. ISBN 978-3-7329-0719-9

Bd. 113 Johan Franzon/Annjo K. Greenall/Sigmund Kvam/Anastasia Parianou (eds.): Song Translation: Lyrics in Contexts. 498 Seiten. ISBN 978-3-7329-0656-7

Bd. 114 Anna Wegener: Karin Michaëlis' *Bibi* books. Producing, Rewriting, Reading and Continuing a Children's Fiction Series, 1927–1953. 400 Seiten. ISBN 978-3-7329-0588-1

Bd. 115 Gesa Büttner: Dolmetschvorbereitung digital. Professionelles Dolmetschen und DeepL. 130 Seiten. ISBN 978-3-7329-0750-2

Bd. 116 Jutta Seeger-Vollmer: Schwer lesbar gleich texttreu?. Wissenschaftliche Translationskritik zur *Moby-Dick*-Übersetzung Friedhelm Rathjens. 530 Seiten. ISBN 978-3-7329-0766-3

Bd. 117 Katerina Sinclair: TranslatorInnen als SprachlehrerInnen: Eignung und Einsatz. 346 Seiten. ISBN 978-3-7329-0739-7

Bd. 118 Nathalie Thiede: Qualität bei der Lokalisierung von Videospielen. 116 Seiten. ISBN 978-3-7329-0793-9

Bd. 119 Iryna Kloster: Translation Competence and Language Contrast – A Multi-Method Study. Italian – Russian – German. 416 Seiten. ISBN 978-3-7329-0761-8

Bd. 120 Kerstin Rupcic: Einsatzpotenziale maschineller Übersetzung in der juristischen Fachübersetzung. 252 Seiten. ISBN 978-3-7329-0782-3

Bd. 121 Rocío García Jiménez/María-José Varela Salinas: Aspectos de la traducción biosanitaria español–alemán / alemán–español. 94 Seiten. ISBN 978-3-7329-0812-7

TRANSÜD. Arbeiten zur Theorie und Praxis des Übersetzens und Dolmetschens

Bd. 122 Janina Sachse: Konferenzdolmetschen für soziale Bewegungen. Sichtbarkeit, Neutralität und Ideologie. 114 Seiten. ISBN 978-3-7329-0833-2

Bd. 123 Sylvia Reinart: „Im Original geht viel verloren". Warum Übersetzungen oft besser sind als das Original. 448 Seiten. ISBN 978-3-7329-0826-4

Bd. 124 Gernot Hebenstreit/Philipp Hofeneder (Hg.): Translation im Wandel: Gesellschaftliche, konzeptuelle und didaktische Perspektiven. 224 Seiten. ISBN 978-3-7329-0831-8

Bd. 125 Paweł Bielawski: Juristische Phraseologie im Kontext der Rechtsübersetzung am Beispiel deutscher und polnischer Anklageschriften. 452 Seiten. ISBN 978-3-7329-0836-3

Bd. 126 Jie Li: Kognitionstranslatologie: Das verbale Arbeitsgedächtnis im Übersetzungsprozess. 340 Seiten. ISBN 978-3-7329-0819-6

Bd. 127 Carmen Mateo Gallego-Iniesta: Metáfora, terminología y traducción. Informes institucionales sobre la crisis económica en inglés, español y alemán. 442 Seiten. ISBN 978-3-7329-0845-5

Bd. 128 María Pilar Castillo Bernal/Marta Estévez Grossi (eds.): Translation, Mediation and Accessibility for Linguistic Minorities. 386 Seiten. ISBN 978-3-7329-0857-8

Bd. 129 Susanne Hagemann: Recherche im Translationsprozess. Ein Lehr- und Studienbuch. 324 Seiten. ISBN 978-3-7329-0855-4

Bd. 130 Véronique Lagae/Nadine Rentel/Stephanie Schwerter (dir.): La traduction en contexte migratoire. Aspects sociétaux, juridiques et linguistiques. 284 Seiten. ISBN 978-3-7329-0825-7

Bd. 131 Stephanie Schwerter/Katrina Brannon (eds.): Translation and Circulation of Migration Literature. 308 Seiten. ISBN 978-3-7329-0824-0

Bd. 132 Hanna Reininger: Fremde Sprachen im literarischen Original – Translatorische Herausforderungen. Gezeigt an *Villette* von Charlotte Brontë. 188 Seiten. ISBN 978-3-7329-0877-6

Bd. 133 Sabine Dievenkorn/Shaul Levin (eds.): [Re]Gained in Translation I: Bibles, Theologies, and the Politics of Empowerment. 472 Seiten. ISBN 978-3-7329-0789-2

Bd. 134 Sabine Dievenkorn/Shaul Levin (eds.): [Re]Gained in Translation II: Bibles, Histories, and Struggles for Identity. 450 Seiten. ISBN 978-3-7329-0790-8

TRANSÜD. Arbeiten zur Theorie und Praxis des Übersetzens und Dolmetschens

Bd. 135 Richard Pleijel/Malin Podlevskikh Carlström (eds.): Paratexts in Translation. Nordic Perspectives. 208 Seiten. ISBN 978-3-7329-0777-9

Bd. 136 Mehrdad Vasheghani Farahani: Writer-reader Interaction by Metadiscourse Features. English-Persian Translation in Legal and Political Texts. 206 Seiten. ISBN 978-3-7329-0885-1

Bd. 137 KyeongHwa Lee: Kognitive Aspekte des Übersetzungsprozesses. Eye-Tracking im interkulturellen Vergleich. 442 Seiten. ISBN 978-3-7329-0906-3

Frank & Timme

FSC
www.fsc.org
MIX
Papier | Fördert gute Waldnutzung
FSC® C083411

Zeitfracht Medien GmbH
Ferdinand-Jühlke-Straße 7
99095 Erfurt, Deutschland
produktsicherheit@kolibri360.de

Druck:
CPI Druckdienstleistungen GmbH
im Auftrag der
Zeitfracht Medien GmbH
Ein Unternehmen der Zeitfracht - Gruppe
Ferdinand-Jühlke-Str. 7
99095 Erfurt